Günter Graulich
Chorleiter und Musikverleger

Festschrift zum 90. Geburtstag

Impressum:
Cover: Ausschnitt aus Frank Walka, *Fig. C)*
Satz und Layout: Carus-Verlag, Stuttgart, Hans Martin Saecker
Druck und Bindung: Gulde-Druck, Tübingen

© 2016 by Carus-Verlag, Stuttgart – CV 24.090
Vervielfältigungen jeglicher Art sind gesetzlich verboten.
Alle Rechte vorbehalten.
2016 / Printed in Germany
ISBN 978-3-89948-265-2

Günter Graulich
Chorleiter und Musikverleger
Festschrift zum 90. Geburtstag

herausgegeben von Marja von Bargen
Johannes Graulich, Barbara Mohn
Hans Ryschawy und Uwe Wolf

Inhalt

Johannes Graulich 6
Vorwort

Frank Walka 9
Bild mit Erklärung Nr. 12

Marja von Bargen 11
Es muss nicht immer Bremen sein
(Carus 12.450)

Frieder Bernius 13
Günter Graulich zum 90. Geburtstag

Werner Böttler 14
Eine typografisch-drucktechnische
Verbindung über Jahrzehnte

Ingo Bredenbach 18
EG 648 „Wir haben Gottes
Spuren festgestellt"

Martin Dücker 20
Faber-Castell Art.No. 88/40 fine 0,4 grün

Bettina Erb 22
Szenen eines Verlags

Clytus Gottwald 25
Transkriptionen als neue Chormusik

Waltraud Graulich 30
Günter Graulich: Der Chorleiter, der zum
Verleger wurde. Seine Ehefrau Waltraud
erinnert sich.

Markus Graulich 35
Der stetige Wandel der technischen Hel-
ferlein. Von der Schreibmaschine bis zur
WhatsApp

Martina, Markus, Johannes Graulich
und Ute Kelemen 38
Neuland

Sonja Greiner 40
Günter Graulich zum 90. Geburtstag

Wolfgang Hochstein 42
Erinnerungen

Klaus Hofmann 44
Von den Freuden des Edierens

Wolfgang Horn 47
Natur, Musik, Schöpfung – Der Rahmen
eines Lebenswerks

Dietmar Keller 50
Günter Graulich zum 90. Geburtstag

Matthias Kreuels 51
Zwischen Kunstmusik und Gebrauchsmusik
– Zum Wert der Chorbücher in der kirchen-
musikalischen Praxis

Jon Laukvik 55
Der Praktiker als Herausgeber

Ulrich Leisinger 57
Eile und Weile. Zu Editionen von Werken
der Bach-Familie

Richard Mailänder 59
Günter Graulich – Der Schätzefinder der
Chormusik aus Stuttgart

Frank R. Max . . . . 62 Seezunge oder Kirchenmusik? – Ein klarer Fall für GG	Peter Schindler . . . . 98 Bitte no a bissle fetzig! GG zum 90. Geburtstag am 2. Juli 2016
Barbara Mohn . . . . 64 Vision und Verdienst – Die 50 blauen Bände der Rheinberger-Gesamtausgabe	Duck-Ja Shin . . . . 100 Zur Entwicklung des Notensatzes bei Carus
Eberhard von Oppen . . . . 66 Carus-Erinnerungen	Peter Thalheimer . . . . 104 Günter Graulich zum Neunzigsten – Persönliche Rückblicke
Renate Osteneck . . . . 77 Motettenchor und Carus-Verlag – Aus der Praxis für die Praxis	Friedhilde Trüün . . . . 106 Günter Graulich zum 90. Geburtstag
Susanne Popp . . . . 80 Blick in Max Regers Lieder	Meinrad Walter . . . . 109 Freiburg–Stuttgart Die schwäbisch-badische Achse für kirchenmusikalische Notenausgaben
Hans-Christoph Rademann . . . . 84 Herr Graulich und der Dresdner Kammerchor	
Uwe Renner . . . . 86 Raumfüllende Präsenz	Klaus K. Weigele . . . . 111 Günter Graulich zum 90. Geburtstag Das Ochsenhauser Orgelbuch als Grundstein unserer Zusammenarbeit
Jochen Reutter . . . . 88 Es war im Januar 1990 ...	Uwe Wolf . . . . 114 Ein Verleger entdeckt einen Komponisten: Gottfried August Homilius
Earl Rosenbaum . . . . 92 For Günter Graulich at 90	Christoph Wolff . . . . 118 Günter Graulich zum Neunzigsten
Hans Ryschawy . . . . 93 Was mir Herr Graulich erzählt'	Auszeichnungen und Ehrungen 120
Dieter Schickling . . . . 96 Zum 90. Geburtstag von Günter Graulich	

Vorwort

Mein Vater war immerhin 46 Jahre alt, als er gemeinsam mit meiner Mutter Waltraud den Carus-Verlag gründete, ein Alter, in dem heutzutage ein beruflicher Wechsel meist schon schwierig ist. Was Günter, der Chorleiter und Pädagoge, in den letzten gut vier Jahrzehnten als Verleger erschaffen hat, ist außergewöhnlich und zutiefst beeindruckend. Davon soll diese Festschrift anlässlich seines 90. Geburtstages in der Art eines möglichst bunten Mosaiks aus Texten und Bildern erzählen.

Wie oft habe ich in den letzten Jahren gestutzt, wenn ich (wieder einmal) eine mir noch unbekannte Carus-Ausgabe in die Hand nahm und mir dabei die verlegerische Leistung meiner Eltern bewusst machte. Wer einmal eine Noten- oder Buchausgabe zum Druck gebracht hat, weiß von den Mühen – und auch den fast nie ausbleibenden unvorhergesehenen Überraschungen – jeder einzelnen Neuedition oder CD-Produktion.

Diese Festschrift ist auch ein Bericht über die klugen, häufig intuitiv getroffenen Weichenstellungen Günters, die dazu führten, dass der Carus-Verlag heute als einer der weltweit führenden Verlage für Chormusik wahrgenommen wird. Doch wie wurde aus dem Lehrer und Schulmusiker ein erfolgreicher Verleger? Wie wurde aus dem Kirchenmusiker ein auf Qualität achtender und immer impulsgebender Herausgeber von Kirchenmusik? Wie wurde aus dem Leiter des Motettenchors Stuttgart ein umsichtiger Verlagsleiter? Wie wurde aus dem Vater von vier heranwachsenden Kindern ein verlässlicher Arbeitgeber von über 50 Mitarbeiterinnen und Mitarbeitern?

Es sind seine persönlichen Eigenschaften, die dies ermöglichen. Günter hat einen erstaunlichen Gestaltungswillen, er hat den Mut und die dazu passende Neugier, Dinge zu verändern und ungewohnte Wege zu gehen. Wie wenige Menschen, denen ich begegnet bin, kann er seinen Fokus vollständig auf die Themen richten, die ihm lieb und wert sind. Eine weitere zentrale Säule des Erfolgs von Günter stellt die glückliche Ehe mit meiner Mutter Waltraud dar. Selbst Lehrerin und Musikerin, hat sie ihn zu allen Zeiten rückhaltlos unterstützt und selbst vieles vorangetrieben. Aber auch viele persönliche Beziehungen sind hier zu nennen, die teils aus anderem Kontext schon vorhanden waren oder erst durch die Verlagsarbeit entstanden, gepflegt und gefestigt wurden.

Viele dieser Weggenossinnen und Weggenossen berichten hier über die erste Begegnung mit ihm, die gemeinsamen (selten unaufwändigen) Projekte und das Besondere dieses immer neugierigen, zugewandten und mit erstaunlicher Energie gesegneten Menschen. Zu Wort kommen Musiker, Musikwissenschaftler, Musikpädagogen, CD-Interpreten, Autoren, auch ein langjähriger Drucker und Grafiker, der IT-Dienstleister, Kollegen und Kolleginnen befreundeter Verlage und Verbände, einige seiner engsten Mitarbeiterinnen und Mitarbeiter im Verlag, die Kinder und natürlich seine Frau Waltraud.

Gedacht und gedankt werden soll an dieser Stelle auch den „Aufbauhelfern" des Verlags, die hier nicht mit einem Beitrag vertreten sind, aber mit Günter seit den Anfängen des Verlags aufs Engste verbunden waren. Herr Dietmar Beck als äußerst penibler Korrekturleser, Autor und Ratgeber. Herr Ferdinand Dirmhirn, pensionierter Kirchenmusiker und zentraler externer Mitarbeiter an Notenstichmanuskripten und Notenkorrekturen. Herrn KMD Dr. Paul Horn aus Ravensburg, der bis vor wenigen Wochen beinahe alle

Klavierauszüge und Generalbassaussetzungen der Carus-Ausgaben erstellte. Von der Praxis aufgrund ihrer guten Spielbarkeit und musikalischen Qualität hoch geschätzt, sind sie eine wesentliche Säule des Verlagserfolges. Armin Kircher, kreativer und innovativer Kirchenmusiker aus Salzburg, dem der Verlag wichtige Impulse verdankt. Er starb viel zu jung im Jahre 2015. Und der ebenfalls leider bereits verstorbene Dr. Robert Scandrett, amerikanischer Chorleiter und Hochschulprofessor aus Seattle, der als Freund und Ratgeber mit Günter zusammen Carus in den USA bekannt gemacht hat und viele einfühlsame, englische Textübertragungen für den Verlag erstellt hat. Last but not least sei den aktiven und ehemaligen Mitarbeitern von Carus gedankt, ohne die Carus heute nicht das wäre, was es ist.

Die Festschrift haben wir in einem kleinen Redaktionsteam erstellt, dem die Lektorinnen und Lektoren Marja von Bargen, Barbara Mohn, Hans Ryschawy und Uwe Wolf angehörten. Ihnen wie den Verfasserinnen und Verfassern der zahlreichen interessanten Beiträge sei an dieser Stelle herzlich gedankt.

Johannes Graulich　　　　　　　　　　　　　　　　　　　　　　　　　　　　　Stuttgart, Mai 2016

Fig. C)

Frank Walka

Bild mit Erklärung Nr. 12

Bei der in Fig. C) dargestellten Sache handelt es sich um einen „Wegeverschieber". Die Kraftwirkung eines Wegeverschiebers, im Folgenden kurz „Wv" stellt man sich am einfachsten analog der Wirkung eines Magnetfelds vor:

$$\vec{F_L} = q\vec{v} \times \vec{B}$$

Anders als die Formel für die Kraftwirkung in einem Magnetfeld, die ja gemeinhin bekannt und schon von kleinen Kindern verstanden und auf das Stichwort „Lorenz" hin sofort aufgesagt wird, ist die Formel für die Wirkweise eines *Wv* ungleich komplexer und schwierig zu verstehen. Dazu trägt vor allem der Umstand bei, dass eine universelle Formel von der Forschung zwar vermutet, aber immer noch nicht gefunden wurde. Bis zur Entdeckung der Universalformel sind wir daher auf die sehr individuellen Formeln zur Beschreibung der Kraftwirkung eines *Wv* angewiesen.

Im Falle des in Fig. C) abgebildeten *Wv* lautet die Formel für die Kraftwirkung *GG* dieses *Wv*:

$$\vec{Wv}_{gg} = \int_{W_a}^{G_\ddot{u}} \frac{WLe^2 F_a L_\infty (S_{p1} + S_{p2} + K_a + M)}{T_a T_s \sqrt[L_{Fa}]{F_a} W_b W_a S} GZ_\infty W_a$$

Sprich: Die *Wv*-Kraft von *GG* entspricht dem Integral von *Wa* nach *Gü* der Funktion aus dem Produkt von *W* (Wille), *Le* (Leidenschaft) zum Quadrat, *Fa* (Familienfaktor, einem komplexen Gebilde), der Universalkonstante *L* (Liebe, einem noch komplexeren Gebilde) und dem sogenannten schwäbischen Faktor aus der Summe von { *Sp1* (Sparsamkeit), *Sp2* (Spitzbübigkeit), *Ka* (Kamikaze, von A. Kamikaze, schwäbischer Höhlenforscher), *M* (Mut) }, *G* (Glück), der unbekannten Universalkraft *Z* (Zufall) und *Wa* (sprich: Ein Waltraud, Konstante, wahrscheinlich göttlichen Ursprungs) geteilt durch das Produkt aus *Ta* (Trägheit im Allgemeinen), *Ts* (Trägheit im Speziellen) sowie einem komplizierten Etwas, *Wb* (Widrigkeiten im Umgang mit Banken), *Wa* (Widrigkeiten im Allgemeinen) und *S* (Shit that is happening).

Wichtiger als die Beschreibung der Wegeverschieber-Kraft ist deren Wirkung. Faszinierenderweise wirkt die Kraft eines *Wv* natürlich auf seine Umwelt, aber auch auf ihn selbst! Bekannt ist etwa, dass ein *Wv* oft selber vom Weg überrascht wird, auf den er sich verschoben hat. Bei dem in Fig. C) dargestellten Wegeverschieber handelt es sich um ein ganz außergewöhnlich wirksames Exemplar. Es ist bekannt, dass nicht nur sein eigener Weg von der Wucht seiner Kraft aufs Erstaunlichste geformt wurde, sondern auch eine hohe Zahl an Lebenswegen anderer Menschen beeinflusst wurden.

Unter diesen befindet sich auch der des Zeichners des „Bildes mit Erklärung Nr. 12". Diese Erklärung wäre sicher überflüssig, würde sie die Dankbarkeit desselben Malers nicht um Faszination und Bewunderung bereichern, die sich dem Leser ohne diese Erklärung nicht würde erschließen können, die der Leser jetzt aber, anhand der Erklärung, mathematisch exakt bestimmen kann.

Die Formal lautet natürlich:

$$D_a = \oint_f^w \left(\begin{array}{cc} \sum\limits_{i=W\vec{v}_{gg}}^{\infty} & D_{a0} \\ F_a & B_w \end{array} \right)$$

Frank Walka, aufgewachsen in Uldingen-Mühlhofen am Bodensee, studierte an der Akademie der bildenden Künste in Stuttgart Malerei. Er hat im Rahmen des Liederprojekts bereits die *Wiegenlieder*, die *Weihnachtslieder* und die *Weihnachtslieder aus aller Welt* illustriert. Walka lebt mit seiner Frau und den beiden Kindern in Stuttgart.

Marja von Bargen

Es muss nicht immer Bremen sein (Carus 12.450)

Einige wenige Werke aus dem heute so umfangreichen Programm des Carus-Verlags sind es nur, die ich vor Günter Graulich kennenlernen, (ur-)aufführen oder mit einspielen durfte. Als dieser 1972 mit seiner Frau Waltraud den Carus-Verlag gründete und noch nicht ahnte, dass er eines Tages ganze Reihen des Hänssler-Verlags und damit auch das nahezu gesamte Kinderchor-Œuvre des Bremer Komponisten Günther Kretzschmar in das Programm von Carus übernehmen würde, wurde ich – ziemlich genau 40 Jahre jünger als Günter Graulich – vom anderen Günther in den Kinderchor des Senders Radio Bremen aufgenommen und habe mich unter dessen Leitung bis zum Abitur fleißig durch die heutige Reihe 12 gesungen.

Einen ersten Kontakt mit Carus habe ich allerdings in ganz anderer Sache und von einem Schreibtisch mit Blick auf die Kasseler Wilhelmshöhe aufgenommen, denn im Jahr 1989 habe ich als Studentin der Musikwissenschaft ein zweimonatiges Praktikum im Hause Bärenreiter gemacht. Man bat mich, Titeleien einer Mozart-Messe zur Korrektur nach Stuttgart zu schicken und mich mit einem Herrn Graulich (Günter Graulich, den Namen hatte ich auf diversen Chorausgaben schon gelesen, war es Schütz, Mendelssohn?) darüber abzustimmen. Wer hätte gedacht, dass wir genau diese Titelei und viele weitere von Vokalwerken Mozarts, Bachs und Schuberts gut zehn Jahre später, nach Beendigung der Kooperation beider Verlage, in Stuttgart miteinander neu setzen, korrigieren und drucken würden!

Dieser erste Kontakt hat dazu geführt, dass ich 1991 ein weiteres Verlagspraktikum, dieses Mal im Hause Carus gemacht habe. Hier war die Hauptaufgabe für mich die Erstellung eines Schallplatten- und CD-Katalogs, die Abteilungen CD-Label, Marketing und viele andere gab es zu dem Zeitpunkt noch nicht, aber erstaunlicherweise neben all dem, was Günter Graulich als Verleger (ohne all diese Abteilungen sozusagen in Personalunion) mit Waltraud zu tun hatte, unendlich viel Geduld und Zeit für die Weitergabe von grundlegendem Wissen rund um das Edieren an die Praktikantin an der Stirnseite des Tisches. War ich in Kassel bereits sehr beeindruckt gewesen von der Persönlichkeit des (späteren Chef-)Lektors Dietrich Berke, der mit Begeisterung vor allem über knifflige Fragen bei der Umsetzung schwieriger Notentexte oder Feinheiten der Interpretation schwer lesbarer Autographe sprach, so fand ich hier einen Verleger von eben diesem Format und mit einer ebensolchen Ausstrahlung vor. Vor allem die ansteckende Art der Vermittlung, die Leidenschaft für die Sache, gepaart mit verschmitztem Humor und so viel menschlicher Wärme! Als Abschiedsgeschenk übergab mir Günter die Partitur einer mir bis dahin nicht bekannten Kinderchorkantate aus besagter Reihe 12 mit dem Titel *Es muss nicht immer Bremen sein*.

Den habe ich sehr wörtlich genommen, denn obwohl es mich nach Abschluss meines Studiums in Heidelberg aus persönlichen Gründen viel eher wieder nach Bremen gezogen hätte, habe ich mich beim Carus-Verlag beworben. Worüber ich mich am meisten gewundert habe, als ich nur drei Tage, nachdem ich meine schriftliche Bewerbung in die Post gegeben hatte, die Nachricht von Günter vorfand, ich möge ihm doch bitte bis 24 Uhr zurückrufen, weiß ich nicht mehr: war es die schnelle Reaktion, die (wie ich später lernen sollte „schwäbische") Verwendung des Dativs oder das vorgeschlagene und für ein Telefonat in

Sachen Bewerbung ja eher ungewöhnliche Zeitfenster? Ich habe letztlich erst am Tag darauf (ein Freitag im Februar war es) zurückgerufen und war umso erstaunter, als Günter mir ein 18-monatiges Volontariat anbot und mich fragte, ob ich dieses am kommenden Montag bereits antreten könne, die Musikmesse rücke näher und es gebe so viel zu tun!

Meine soliden Grundkenntnisse der Reihe 12 haben Günter veranlasst, mir den Bereich Kinderchor, den er nach der Übernahme von Hänssler unbedingt ausbauen und erweitern wollte, zu übertragen. Was ich unterschätzt hatte, war, dass ich dabei vor allem mit „lebenden" Komponisten zu tun haben würde. Eigentlich grundsätzlich ja sehr erfreulich, aber mit Blick auf Herstellungspläne und Erscheinungstermine insofern doch eher lästig, als das Manuskript so gut wie nie das letzte Wort war und am Werk bis zur UA (und mitunter über die Drucklegung hinaus) immer noch gefeilt wurde. Erschwerend kam hinzu, dass das nicht nur von Seiten des Komponisten geschah, sondern auch von Seiten des Verlegers und Pädagogen Günter Graulich! Da wurde mitunter heftig über Titel, Formulierung oder Aussage gestritten, wobei es nicht immer leicht war, zwischen Verleger und Autor zu vermitteln. Aber mit jeder noch so „kleinen" Ausgabe aus dem Bereich hat Günter sich gern befasst, und es war ihm ein Anliegen, sie für die Zielgruppe mit einem ansprechenden farbigen Umschlag oder einer besonderen Illustration auszustatten – was dank Günters gutem Gespür und seinem ausgeprägten Sinn für Ästhetik im Gesamtergebnis mit diversen Musikeditionspreisen bedacht wurde!

Weitere Ausgaben und Projekte wurden ebenfalls nach persönlichem Interesse und in Abstimmung im Lektorat aufgeteilt, mit Blick auf das Jubiläumsjahr 1997 seinerzeit zunächst im Fokus auf Brahms, Mendelssohn und Schubert. Bei Schubert, der mir zufiel, galt es, die kleineren Kirchenwerke in praktischen Ausgaben und mit Aufführungsmaterial vorzulegen, später kamen Neuausgaben der Messen hinzu. Auch hier hat Günter sich bereits im Stadium der Quellenbeschaffung intensivst eingebracht, etwa dort, wo es schwierig war, an Quellen heranzukommen, Kontakte hergestellt, private Archive aufgetan, Experten herangezogen sowie Ideen und Lösungen in allen praktischen wie editorischen Fragen angeboten.

Pantone 534 C oder Bach-Blau war die farblich einheitliche Lösung für Umschläge einer anderen Reihe, in der wir von meinem ersten Tag bei Carus an sehr eng zusammengearbeitet haben und die Günter bis heute sehr am Herzen liegt, die Reihe 31 (mit diversen Ausflügen auch in die benachbarten Reihen). Hier war es vor allem bei den Kantaten schwer, mit dem von Günter und Paul Horn bei Klavierauszügen und Generalbassaussetzungen vorgelegten Tempo Schritt zu halten, nicht nur, weil manche Manuskripte erst Monate nach dem vereinbarten Termin eintrafen, sondern weil immer wieder noch ambitioniertere oder termingebundene Projekte die Prioritäten in den Herstellungsplänen (oder bei den Herausgebern selbst) verschoben haben. Inzwischen, da die Bearbeitung auf ein erweitertes Team unter der Leitung von Uwe Wolf verteilt, in die Kategorie A der Prioritäten gehoben und die Fertigstellung in Sichtweite ist, können wir uns miteinander auf den hoffentlich erfolgreichen Abschluss der Reihe freuen!

Übrigens: 2012 boten die Stuttgarter Kirchenmusiker Gabriele Timm-Bohm und Rainer Bohm dem Verlag ein szenisches Orgelmärchen zur Veröffentlichung an, das wir in unsere Reihe 12 aufgenommen haben, *Die Bremer Stadtmusikanten* – also doch wieder Bremen!

Marja von Bargen, *1966. Nach Studium in Marburg und Heidelberg sowie einem Auslandsaufenthalt in Windsor/GB seit 1994 im Lektorat des Carus-Verlags.

Frieder Bernius

Günter Graulich zum 90. Geburtstag

Lieber Günter,

stolz und zufrieden wirst Du Deinen 90. begehen können.

Stolz auf die richtigen Fährten, denen Du auf die Spur gekommen bist. Und zufrieden mit deren Ergebnissen, ohne die „Dein" Verlag heute so nicht existieren würde.
40 Jahre von diesen 90 haben wir zusammengearbeitet und können einiges davon vorzeigen. Das kann nachgelesen und -gehört werden, hoffentlich länger, als wir selbst leben werden. Aber es gehört zu unserem Lebenswerk.
Zwei äußere Höhepunkte davon, in Paris und in Mailand, will ich herausgreifen: dass wir dort gemeinsam Preise entgegennehmen und unsere Genugtuung darüber zusammen genießen konnten.
Deine Ideen und Dein Fleiß haben nachhaltige Wirkung.

Dazu meinen herzlichen Glückwunsch!
Frieder Bernius

Frieder Bernius, Studium der Musik und Musikwissenschaft in Stuttgart und Tübingen. 1968 Gründung des Stuttgarter Kammerchors und 1985 des Barockorchesters Stuttgart (Repertoire des 18. Jahrhunderts). 1987 Gründung des heutigen Festivals „Stuttgart Barock", 1991 der Klassischen Philharmonie (chorsinfonische Werke) sowie 2006 der Hofkapelle Stuttgart (Musik des frühen 19. Jahrhunderts auf historischen Instrumenten). Zahlreiche Ausgrabungen heute vergessener Werke und Einspielung auf Tonträger. Internationale Konzerttourneen, 90 CD-Veröffentlichungen, davon 40 preisgekrönt.

Werner Böttler

Eine typografisch-drucktechnische Verbindung über Jahrzehnte

5 Uhr morgens, GESCHAFFT!

50 Montagen von 200 Notenseiten und die Herstellung von 50 Druckplatten war das Ergebnis einer langen Nachtschicht. Während eines Fortbildungsurlaubs bat mich mein damaliger Chef, Inhaber einer Druckerei in Steinenbronn, um Hilfe. Ein Kunde brauchte ganz dringend Notenhefte für eine USA-Chorreise, die noch am Wochenende gedruckt werden mussten. Das war im Frühsommer 1975 – eine erste Begegnung mit einem Stuttgarter Verleger, dessen Name mir damals nicht bekannt war.

Typografische Grundlagen

1965 erlernte ich das Schriftsetzerhandwerk in einem Reutlinger Jugendbuchverlag traditionell im Bleisatz. Auf Typografie und Gestaltung wurde großen Wert gelegt. Wir Lehrlinge konnten an internen Umschlaggestaltungswettbewerben teilnehmen. Nach 18 Monaten Bundeswehrdienst und zwei Anstellungen in Druckereien folgte ein Studium der Drucktechnik in Stuttgart. Mit der Gründung einer Familie und der Übernahme der Druckerei der Eltern mit Neuausrichtung Schwerpunkt Satz und Repro begann 1979 ein neuer Lebensabschnitt. Verlage und Druckereien nahmen gerne meine typografischen Dienste in Anspruch. In enger Zusammenarbeit mit einem Verlagsgrafiker entstand jedes Jahr der Katalog „Bücher – mit denen wir leben" zur Frankfurter Buchmesse.

Anfang der 1980er-Jahre stellte sich ein Musikverleger bei uns in der Firma vor. Er war vom Verlagsgrafiker Dolmetsch des Hänssler-Verlages auf mich aufmerksam gemacht worden und suchte jemanden, der seine Druckerzeugnisse typografisch-gestalterisch begleitete und davon Druckvorlagen (Filme) herstellte. Gerne war ich bereit, mir die Aufgabenstellung anzusehen.

Die Gebelsbergstraße in Stuttgart – Wohnzimmer für Strategie und Typografie

Der erste Kontakt war geknüpft. Herr Günter Graulich, ein fünfzigjähriger Mann von mittlerer Gestalt und freundlichem Gesicht erwartete mich in Stuttgart, genauer – in der Gebelsbergstraße 34B. Herzlich empfangen wurde ich im Wohnzimmer seines Hauses. Zusammen mit Frau Waltraud wurden verschiedene Themen besprochen. Es ging um die typografische Aufbereitung von Umschlägen, Titelblättern und Titeleien, um Satzspiegel und um Schriften. Es sollten Modelle entwickelt werden, die genau strukturiert werden und für alle Druckerzeugnisse gelten sollten. Im Laufe dieses Gespräches und anhand der vorgelegten Notenhefte wurde mir klar, dass ich den Stuttgarter Verleger wiedergefunden hatte, für den ich 5 bis 6 Jahre zuvor in der Nachtschicht aktiv geworden war. Dies behielt ich jedoch noch eine Weile für mich, um ganz sicher zu sein.

Begegnung mit Paul Weber, einem ganz besonderen Schweizer Grafiker und Künstler

Bei einem der folgenden Treffen stellte mir Herr Graulich den Freund des Hauses und begleitenden Grafiker Paul Weber vor. Weber hatte das Signet des Carus-Verlages und des Motettenchores entwickelt, dessen Dirigent und Chorleiter Herr Graulich war. Mit seiner angenehmen Schweizer Art, mit seinem Humor und seiner klaren Gestaltungsstruktur war er mir auf Anhieb sehr sympathisch. Wir waren typografisch auf einer „Wellenlänge". Seine Liniengrafiken fanden sich auf vielen Titelseiten wieder.

Für Herrn Graulich war es wichtig, bei all seinen Ausgaben eine klare Verlagslinie einzuführen. Dazu gehörte auch, eine Schrift zu finden, die gut lesbar, klar und gleichzeitig elegant war. Außerdem sollte im flächigen Umschlagdruck auch in kleinen Graden gewährleistet sein, dass die Schrift „offen" bleibt und nicht zuschmiert. Paul Weber schlug eine Schrift vor, die sein Schweizer Landsmann und Schriftkünstler Hans Eduard Meier ums Jahr 1970 entworfen hatte: die Syntax. Diese junge dynamische Schrift hatte ich selbst für einen Schulbuchverlag aus Gründen der guten Lesbarkeit eingesetzt und konnte diesen Vorschlag unterstützen. Die Syntax ist zeitlos schön und ist bis heute die Hauptschrift des Carus-Verlages geblieben.

Weber-Grafik Motiv 19: Mendelssohn-Ausgaben

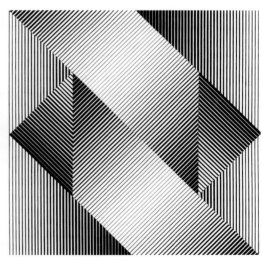

Motiv 39: Liszt-Ausgaben

Intensive Zusammenarbeit in der Druckvorlagenherstellung mit den Mitarbeitern des Carus-Verlages

Die Verlagslinie war festgelegt. Es folgten viele Jahre, in denen wir die Herstellung von Vorworten und Kritischen Berichten für die Notenausgaben übernehmen konnten.

Der Notenstich war in den 70er- und 80er-Jahren als Papiervorlage erstellt worden. Die Notenseiten wurden reproduziert und als Film ausgeliefert. Es entstand eine sehr intensive Zusammenarbeit mit den Mitarbeiterinnen und Mitarbeitern des Verlags Duck-Ja Shin, Barbara Mohn, Earl Rosenbaum und Hans Ryschawy. Fast täglich wurden Korrekturfahnen und Endfilme ausgetauscht. Mit der Zeit sind immer mehr Notenseiten computergestützt erstellt worden, die dann kostengünstig über Postscriptverbindungen direkt auf den Belichter geschickt werden konnten. Frau Shin war da die Expertin.

Eine gestalterische Herausforderung – die Rheinberger-Ausgabe

Bei einer Besprechung zeigte mir Herr Graulich verschiedene Vorlagen, Dias und wertvolle alte Briefe des Komponisten Josef Gabriel Rheinberger. Es sollte ein Band entstehen, der Leben und Werk des Komponisten wiedergibt – und er sollte für den Musikeditions-Preis 1998 des Deutschen Musikverleger-Verbandes eingereicht werden. Das war eine gestalterische Herausforderung. Mir war bewusst, dass Herr Graulich großes Vertrauen in mich setzte. In der folgenden Zeit waren viele Besprechungen, Abstimmungen und Korrekturen angesagt. Die Herstellung zog sich über Monate hin und konnte zur nächsten Frühjahrsmesse in Frankfurt 1998 vorgestellt werden. Es hat geklappt – das Buch wurde dort mit einem Musikeditions-Preis ausgezeichnet. Diese Auszeichnung war auch in meinem Berufsleben ein besonderer Höhepunkt.

Verlagserweiterung und veränderte Zusammenarbeit

Der Carus-Verlag wuchs und konnte in Stetten auf den Fildern in neue Räume einziehen. Herr Günter Graulich übergab den Verlag an seinen Sohn Dr. Johannes Graulich. Durch fachkundige Mitarbeiter in der Herstellungsabteilung wird auch weiterhin die ursprünglich festgelegte Verlags-CI fortgeführt. Beim Druck und der Herstellung der Notenhefte erkenne ich die Umschlagmodelle und Satzspiegelvorgaben, die einst im Wohnzimmer der Gebelsbergstraße festgelegt wurden, wieder. Und die Syntax-Schrift hat ihren Reiz nicht verloren.

Etwas ganz Besonderes

In all den Jahren ist die Verbindung zu der Familie Graulich etwas ganz Besonderes gewesen. Alle Begegnungen waren warmherzig und geprägt von gegenseitiger Achtung und Wertschätzung. Weit über das rein Geschäftliche hinaus kam man in Gesprächen auch zu Kindern und Familie, Hobbys und zum Thema Posaunenchor, dem ich als Chorleiter vorstand. Als ich Herrn Graulich von der Nachtschicht im Jahr 1975 erzählte, erinnerte er sich noch genau an die gelungene Notenherstellung für seine USA-Reise mit dem Motettenchor Stuttgart. Wir freuten uns gegenseitig über diese Führung, die bestimmt so sein sollte.

Beim 30-jährigen Verlagsjubiläum (2002): Werner Böttler mit Alphorn – und ein Mundstück reichend

Es ist mir eine besondere Ehre, mit diesem Beitrag die Lebensleistung von Günter und Waltraud Graulich zu würdigen. Ich möchte dankbar über unsere gemeinsame Zeit und seinen 90. Geburtstag einen Vers aus Psalm 37 stellen: Befiehl dem Herren deine Wege und hoffe auf ihn – er wird's wohl machen.

Mit den herzlichsten Grüßen
Ihre Werner und Margret Böttler

Werner Böttler, *in Walddorf bei Tübingen. Nach Schriftsetzerlehre und Tätigkeiten in Druckereien Studium der Drucktechnik in Stuttgart. Übernahme der elterlichen Druckerei in den 1980er Jahren und Selbstständigkeit. Seit mehr als 35 Jahren Partner von Druckereien, Verlagen, Akademien und Verbänden für Satzherstellung, Grafik, Reproduktion und Druck.

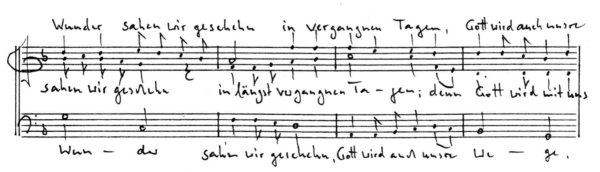
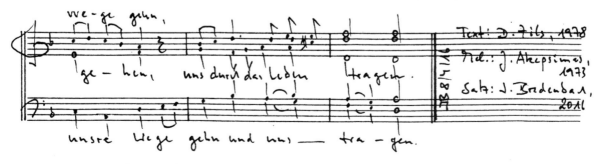

Ingo Bredenbach

EG 648 „Wir haben Gottes Spuren festgestellt"

Für Günter Graulich

zum 90. Geburtstag
in Verbundenheit & Dank für all Ihr
verlegerisches Engagement!

Ihr Ingo Bredenbach

Verleihung des Deutschen Musikeditionspreises „Best Edition" 2010 in Frankfurt
für *Basiswissen Kirchenmusik*, ein 5-bändiges Lehrwerk für Studierende der Kirchenmusik.
In der Mitte Ingo Bredenbach (weißes Hemd)

Ingo Bredenbach, *1959 in Wuppertal, Studium der Ev. Kirchenmusik an der Folkwang Hochschule Essen (1985 A-Examen), 1983–87 Kantor in Meerbusch-Lank, 1987–1999 Bezirkskantor in Nagold, 1996 Ernennung zum Kirchenmusikdirektor, 1998–2009 Orgelprofessor und Rektor der Hochschule für Kirchenmusik Tübingen, 2001 Gründung einer gegliederten Kinder- und Jugendchorarbeit an der Hochschule, seit 2006 zudem Leiter des „BachChor Tübingen", seit Januar 2010 Kantor an der Stiftskirche Tübingen und hier verantwortlich für die renommierte Reihe „MOTETTE" sowie weiterhin Orgelprofessor an der Hochschule für Kirchenmusik Tübingen. Rege Konzert-, Unterrichtstätigkeit und Seminararbeit; musikschriftstellerische und kompositorische Tätigkeit.

Martin Dücker

Faber-Castell Art.No. 88/40 fine 0,4 grün

Eine Katalognummer steht am Beginn unserer Beziehung: Carus 40.002, die Partitur des *Magnificat* von Antonio Vivaldi, Jahr des Copyrights laut Verlagsarchiv 1973. Das Vorwort datiert von 1978. Ein Jahr später trat ich als frischgebackener „Kantor" meine erste Stelle an und erwarb beim Stöbern in einer Musikalienhandlung ein Exemplar des *Magnificat* von Vivaldi.

Vivaldi? Das war doch der, der laut A. Toscanini ein einziges Concerto grosso geschrieben haben soll, das aber 600 Mal ... , ein etwas vorlautes Urteil, wie sich beim Durchlesen und -spielen zeigte. Der Appetit auf Vivaldi stieg: Das *Gloria* und später Vesperpsalmen kamen hinzu.

Und Carus? Was und wer war das denn? Tolles Notenbild, ohne jede „stillschweigende" Ergänzung des Herausgebers, ausführliches Vorwort, Kritischer Bericht. Das war man in dieser Ausführlichkeit und Genauigkeit nicht gewohnt. Also, bevorzugtes Augenmerk auf den Katalog und die in rasanter Folge erscheinenden Neuerscheinungen und fleißiger Erwerb derselben für die eigene Bibliothek und für den Notenschrank des Kirchenchors.

1980 ein Artikel in der *FAZ*. Er feierte eine Einspielung vergessener kirchenmusikalischer Werke von Mendelssohn Bartholdy, u. a. das *Lauda Sion*. Der junge Kantor bemüht den Carus-Katalog in der Hoffnung auf 1a-Aufführungsmaterial, leider vergebens. Noch hat er keine Ahnung von den mühseligen Niederungen des quellenkritischen Editorengeschäfts, das u. a. von der korrekten Handhabung eines Faber-Castell Art.No. 88/40 fine 0,4 grün abhängt ... Aber, *Psalm 42* „Wie der Hirsch schreit" war in einer kritischen Edition vorrätig!

1993 hat eine Arbeitsgruppe von Bezirkskantoren der Erzdiözese Freiburg ein Manuskript fertiggestellt: „Freiburger Chorbuch" sollte es heißen. Vier renommierten Musikverlagen wurde das Manuskript zugesandt mit der Bitte um die Erstellung eines Druckangebots. Im Herbst 1993 trifft man sich in Stuttgart zu ersten Gesprächen. Letzter Termin war in der Gebelsbergstraße 34 B beim „Carus".

Die Architekten sprechen heutzutage ja nicht mehr von einer Tür, durch die man ein Haus betritt, sondern von einer Eingangssituation. Nun, eine besondere Eingangssituation nahm uns in Empfang: Wir standen im Keller des Hauses, und zwei Herren von ansteckender Fröhlichkeit, aus einer Papierlandschaft aufragend, grüßten freundlich. Günter und Waltraud Graulich übernahmen und geleiteten uns in die Beletage. Man nahm Platz. Auf dem Tisch nicht nur der übliche Begrüßungsschluck, sondern die „Inkarnation" der Arbeitsweise von Günter Graulich: Sauber an der Tischkante ausgerichtet lag unser Manuskript übersät mit Merkzettelchen, farbigen Post-its und daneben im exakten 90-Grad-Winkel deponiertes Schreibwerkzeug: ein Bleistift, ein Radiergummi, ein Anspitzer und eben jener Faber-Castell Art.No. 88/40 fine 0,4 grün.

Um es kurz zu machen, Günter Graulich war der einzige Anbieter, der sich ausführlich mit unserem Manuskript beschäftigt hatte und uns mit Fragen überfiel, deren Präzision uns, gelinde gesagt, erstaunte und die uns auf Probleme aufmerksam machten, von denen wir noch nicht einmal wussten, dass es sie geben könnte. Mein Respekt vor Carus 40.002 und Folgendem wuchs, sah ich doch mit eigenen Augen, mit welcher lustvollen Präzision selbst in diesem unverbindlichen Anfangsstadium Günter Graulich zu Werke ging: oberflächliche Anmerkungen mit spitzem Bleistift, Korrekturen, denen durchaus Verbindlichkeit anhängen könnte, schon in grün mit dem Faber-Castell Art.No. 88/40 fine 0,4, der nach hingebungsvoller Nutzung ebenso hingebungsvoll im rechten Winkel wieder abgelegt wurde.

Über allem die genüssliche Langsamkeit seiner Handschrift, die um die Komplexität all seines Tuns weiß und die am Ende ebenso genüsslich darstellen kann, wie und dass es sich rechnet! Und am Ende des Gesprächs der Ritterschlag für uns Freiburger: „Das wird der katholische ‚Gölz'", sprach er. Wir glaubten es zu gerne. Glücklich sind wir, dass der Erfolg Günter Graulich recht gab.

Es folgten u. a. das *Chorbuch Ostern*, das *Chorbuch Advent*, das *Chorbuch Trauer*, Mitarbeit bei den *Intonationen zum neuen Gotteslob* und beim *Orgelbuch light* zum neuen Gotteslob sowie beim *Chorbuch a tre*. Nicht zuletzt die CD-Produktion zum Chorbuch *Mehr als Worte sagt ein Lied* mit der Mädchenkantorei an der Domkirche St. Eberhard, da wurde und wird Beziehung gestiftet.

Alles Publikationen für den kirchenmusikalischen Gebrauch, gefüllt mit Kunstwerken! Publikationen, die die mitunter robust geführten Kämpfe zwischen der Chimäre „autonomes Kunstwerk" und ihrer Schwester „Gebrauchsmusik" auf das Gleis führen, auf das sie gehören, nämlich auf das Nebengleis. Gute Musik ist immer autonomes Kunstwerk, das zum Gebrauch verführen will, das kann ein schlichter Hymnus sein, ein Glockenschlag, eine Quadrupelfuge oder ein „Agnus Dei" eines vergessenen Musikers. Schlechte Musik hingegen bedarf immer intensiver Bemühungen, bis sie zum Gebrauch geeignet ist. Das Verfallsdatum braucht keine Verpackung, es steht meist schon offen verschlüsselt in der Überschrift.

All dies ist Günter Graulich zutiefst vertraut, und so konnte er mit sicherer Hand seinem zentralen Betätigungsfeld, der Kirchenmusik, ungeahnte Zuwächse bescheren, lebt er doch aus großer Vertrautheit mit seiner Kirche und ihrer Musik und, dies vor allem, ihrer liturgischen Verortung, die zunächst evangelisch, württembergisch geprägt, immer katholischer wurde, eben allumfassend, und somit ganz natürlich zum ökumenischen Humus werden konnte. Dafür gebührt ihm eigentlich ein päpstlicher Orden!

Foto: Dommusik St. Eberhard Stuttgart

Das 1a-Aufführungsmaterial zu *Lauda Sion*, 1980 noch schmerzlich vermisst, liegt übrigens seit 1995 vor: Es trägt die Katalognummer Carus 40.077, ein weiterer Baustein unserer Beziehung!

Ad multos annos, hochverehrter und ganz und gar liebenswürdig pingeliger Günter!

Martin Dücker studierte Kirchenmusik an den Musikhochschulen Essen und Düsseldorf. 1993–2016 Domkapellmeister an der Stuttgarter Domkirche St. Eberhard.

Bettina Erb

Szenen eines Verlags

Es ist später Abend, in allen Zimmern der ersten Etage brennt Licht. In einem Zimmer sitzen sich zwei Personen gegenüber, es wird ruhig und konzentriert gearbeitet. In einem anderen Zimmer sitzt ein junger Mann mit schulterlangen Locken am Keyboard, schaut konzentriert abwechselnd auf zwei große Bildschirme. Am Tag darauf müssen die Dateien in der Frühe übertragen werden, damit die Filme fertiggestellt werden können. Der Drucktermin steht; von diesem Datum werden die Tage zurückgezählt.

Plötzlich, in einem Moment, ist der eine ruhige Arbeiter von seinem Arbeitsplatz zu dem jungen Mann am Keyboard gelangt und hält ihm die Korrekturfahnen unter die Nase: Bei Nummer 136 ist die Wendestelle einen Takt zu früh, unmöglich, hier zu blättern. Warum ist das niemandem aufgefallen? Der Notenstich wurde x-mal korrigiert, seit zwei Jahren schon ist das Werk beim „Stich" in Korea. Eine Katastrophe! Was ist zu tun? Der konzentrierte Arbeiter und der junge Mann mit den Locken beugen sich über das Manuskript. Es wird Rat geholt. Eine Etage tiefer brennt ebenfalls noch Licht. Eine junge Koreanerin kommt eilig die Treppen herauf. Jetzt beugen sich drei Leute über das Manuskript. „Traude." Stille. „Traude, komm mal her". Vier Leute. Möglichkeiten, Konsequenzen, Aufwandserörterungen werden ausgetauscht.

Auf fünf Folgeseiten wird sich der Notenstich durch die Korrektur ebenfalls ändern. Es ist 21.30 Uhr. Der Fachmann für Computernotenstich hat längst überschlagen, wie viel Arbeit ihn das noch kostet, es wird ein langer Abend werden. Die kurze, heftige Debatte der vier hat schnell ein Ergebnis, damit für die Umsetzung noch möglichst viel Zeit bleibt. Der junge Mann macht sich an die Arbeit, alle gehen wieder auseinander, die schlechte Wendestelle muss dem bestmöglichen Ergebnis weichen. Gott sei Dank ist das Werk digital gestochen, bei konventionellem Stich hätte die Änderung Wochen in Anspruch genommen.

Verlagscrew 1998. Die Autorin steht rechts außen hinten. Der „Mann mit den schulterlangen Locken am Keyboard" links hinten ist übrigens Georg Commerell.

Ein anderer Abend; ebenso spät. Wiederum Licht in den Zimmern. Der Druckkopf des Druckers rattert von links nach rechts und zurück, schon eine Stunde. Das Endlospapier wurde sorgfältig zurechtgelegt, es wird sich Zentimeter um Zentimeter auf dem Boden auffalten, der Druck wird in die Nacht hinein laufen, alle Beteiligten gehen nach Hause, jetzt ist nichts zu tun, der Ausdruck muss am Tag darauf kontrolliert werden. Hoffentlich hält das Farbband, es war schon sehr blass.

* * *

Es ist wieder Abend, die 3.5 Zoll-Diskette mit der Datei ist gerade überspielt. Auf dem kleinen grünen Bildschirm wird eine Tabelle nach unten gescrollt, die Freude macht. Ein sehr guter Tag heute!

* * *

Zu einem Start-up gehören auch ungewöhnliche Locations. Im Falle des Carus-Verlags ein Arbeitsplatz in einer Ecke der Küche, der Küchentisch mit dem Mittelfuß wird zum Schreibtisch, um die Nase den Geruch von Erdbeertee, strategisch der Kaffeemaschine nahe und den immer aktuellen Informationen durch jeden, der sich hier verpflegen muss.

* * *

Offensichtlich haben sich viele bemerkenswerte Szenen am Abend abgespielt. Das lag nicht daran, dass tagsüber nicht gearbeitet wurde, aber abends war man warmgelaufen. Es gab auch Szenen vom frühen Morgen …

Am Dienstagmorgen auf der Frankfurter Musikmesse sind alle Aussteller einen Tag vor der Eröffnung dabei, ihre Stände aufzubauen. Bärenreiter mit einem großen Areal, auf dem Arbeiter die Noten heranbringen, ebenso Schott, Henle und die anderen etablierten Verlage. An einen kleinen Stand werden Pakete vom Vertriebsleiter auf einem Wagen hergeschoben, alle, auch der Verlagsleiter und seine Frau packen Noten und Kataloge aus, ebenso suchen Lektoren und die Assistentin der Leitung den richtigen Platz für die bunten Ausgaben, die farbenfrohen Kataloge, die Kaffeemaschine, die Kartons mit Nachschub. Es ist der Stand des Carus-Verlags. Alle sind erschöpft durch das wochenlange Herstellungsmarathon vor der Musikmesse; die Kataloge sind druckfrisch vom Vorabend. Aber die Stimmung ist auch erwartungsvoll: Werden viele Bestellungen aufgegeben werden? Werden wir Großkunden akquirieren? Sogar ein neues Land mit unseren Noten erreichen? Wie kommen die Neuerscheinungen an? Bekommen wir wieder einen Editionspreis? Einige Male wird ein paar Meter zurückgetreten, der Stand aus der Entfernung begutachtet und geprüft, ob die Farbpalette der Editionen effektvoll aufgestellt ist oder die Kunden die Neuerscheinungen auf einen Blick erkennen können. Am folgenden Tag ist es so weit. Nachdem alle darauf eingestimmt sind, möglichst effiziente Kundengespräche zu führen mit Blick auf möglichst viel Bestellungen von Neueditionen, fällt der Blick auf ein intensives Gespräch zwischen Günter Graulich und einem Unbekannten. Lange und unbekümmert von den vorbeiziehenden Musikalienhändlern wird ein Fachgespräch mit einem Chorleiter einer kleinen Kirchengemeinde geführt, werden einige Editionen empfohlen, wird ein Kaffee miteinander getrunken und eine der neubedruckten Stofftaschen, mit Katalogen befüllt, dem Chorleiter mitgegeben. Befriedigt lächelt der Verlagsleiter über so viel tiefes Interesse aus der Praxis. Ein gutes Gespräch!

* * *

Noch mehr solcher Szenen könnten erzählt werden, viele sind einmalig, nicht wieder erlebbar. Es herrschte der Pioniergeist der digitalen Datenverarbeitung der 90er-Jahre. Ich schnupperte als Studentin in den Verlag und die einmalige Stimmung eines schwäbischen Start-ups hat mich dann nicht mehr losgelassen. Die Computer hatten noch nicht lange Einzug gehalten in das Gewerbe des Notenstichs, der Druckvorstufe allgemein und der Verwaltung eines kleinen, aufstrebenden Unternehmens. Viele gestalterische Eingriffe wurden auf einmal möglich, der Zugriff auf Notenstich und Textgestaltung konnte im Nebenzimmer verwirklicht werden; früher war dafür ein wochenlanges Hin- und Herschicken von Manuskripten und Korrekturen notwendig gewesen. Günter Graulich hat das Ausleben seiner Kreativität und seines unbedingten Willens zur Gestaltung mit Liebe und Herzblut genossen. Ich konnte das miterleben und habe es als Erfahrungsschatz mitgenommen für mein Leben.

Bettina Erb, *1968 auf der Schwäbischen Alb. Medizinstudium an den Universitäten Ulm, Berlin (FU) und Tübingen. Erste Kontakte mit dem Carus-Verlag bei Ferienjobs ab 1993. Anstellung im Carus-Verlag von 1996 bis 2000 als Assistentin der Geschäftsleitung. Ab 2000 wieder im Bereich der Medizin tätig, aktuell Ärztin im Medizincontrolling der Universitätsklinik Tübingen.

Clytus Gottwald

Transkriptionen als neue Chormusik

Es war Franz Liszt, der den Begriff der Transkription in die Musik einführte, ohne zu definieren, was damit gemeint sei. Der Begriff Transkription beschreibt keine musikalische Form, es sei denn, Transkription hält sich streng an die Vorlage und repetiert auf diese Weise deren Form. Liszt hat seine Vorlagen, die er für Klavier „umschrieb", keineswegs sklavisch befolgt, sondern konnte, wenn ihm dies zweckmäßig schien, den Begriff bis in den Bereich „Fantasie" strapazieren. Dass er oft Klavierlieder, etwa solche von Schubert, für Klavier solo umschrieb, könnte zum Schluss verführen, er habe die Singstimme nicht als Bereicherung, sondern als Störfaktor wahrgenommen. In der Transkription konnte er die Musik zu sich selbst bringen. Insofern betreten meine Transkriptionen Neuland, als sie nicht das Klavier zum Ziel haben, sondern den mehrstimmigen Chor a cappella. Vermutlich wäre Liszt nicht auf eine solche Lösung verfallen, wenn zu seiner Zeit der Chor das technische Niveau erreicht hätte, das er heute nach der Passage der Neuen Musik besitzt. Hinzu kommt, dass Klaviermusik vom Publikum eher als monochrom eingeschätzt wird. Es sei denn, Ausnahmeerscheinungen wie Lang Lang können diese Barriere durch Virtuosität vergessen machen. Nicht nur in der neuen Musik, sondern auch im Pop hat man an der Emanzipation des Klavierklangs via Elektronik weitergearbeitet.

Natürlich hat auch die Chormusik viele musikalische Häutungen hinter sich, blieb nicht auf dem Stand von 1800, also auf dem Level der Zelter'schen Liedertafel stecken. Gewisse Impulse wuchsen der Chormusik aus der gewaltigen Bewegung des Historismus zu, die ihre Höhepunkte in der Musik von Brahms hatte. Die Regel war jedoch, dass der Chor, wie im England des 18. Jahrhunderts, zu Oratorienaufführungen, also zu Aufführungen mit Orchester herangezogen wurde. Richard Strauss war wohl der erste, der versucht hat, den Chor aus der Abhängigkeit vom Orchester zu lösen und zwar auf dem Wege, orchestrales Denken auf die Chorkomposition anzuwenden. Seine herrlichen 16-stimmigen A-cappella-Gesänge op. 34, *Der Abend* und *Hymne* von 1896–97, blieben leider ohne Folgen, wenn man absieht von der späteren *Deutschen Motette*. Wie allgemein bekannt, endete die Uraufführung von Schönbergs *Friede auf Erden* durch Franz Schreker in einem Fiasko. Schönberg hat daraufhin einen Satz Instrumente hinzu komponiert, der die Aufgabe hatte, die Intonation des Chores zu stabilisieren. Die meisten Chöre dieser Zeit waren gewohnt, mit Orchester zu arbeiten, was sie aller Intonationssorgen enthob. Das hatte jedoch zur Folge, dass das Tonbewusstsein der Chorsänger sich nicht weiter entwickelte, sondern in gewissem Maße verkümmerte. Das Wohltemperierte, zu dem sich die Klaviermusik durchgerungen hatte, erwies sich in der A-cappella-Musik als Quelle vieler Intonationsprobleme, weil die Sänger manche Intervalle rein intonierten. Notationstechnisch waren diese Probleme nicht zu lösen, konnten nur in der Probenarbeit korrigiert werden. In der neuen Musik der 60er-Jahre erfand man Zeichen für mikrotonale Abweichungen, was natürlich auch der traditionellen Musikpraxis zugutekam.

Als Transkriptionen bezeichnet man gemeinhin auch alle Übertragungen von historischen Notenschriften in die orthochronische Notation der Neuzeit, also etwa Übertragungen aus der Mensuralnotation, aus den Griffschriften der Instrumentalmusik des 16. Jahrhunderts, also den Tabulaturen für Laute, Orgel oder Geige, aber auch die Übertragungen aus exotischen Tonsystemen wie Pélog und Sléndro, die bis in die Neuzeit in Java im Gebrauch waren. Solche Transkriptionsarbeiten haben mich immer interessiert. Nicht nur habe ich bei Wilhelm Stauder in Frankfurt javanische Gamelanmusik studiert, sondern ich übertrug für die Gesamtausgabe des Renaissance-Komponisten Johannes Ghiselin wie auch für die Schola Cantorum Stuttgart große Mengen an Mensuralmusik des 15. Jahrhunderts. Um das Stichwort Transkription abzuschließen, sei erwähnt, dass der Begriff in der Biochemie die Überschreibung eines Gens in eine andere RNA beschreibt.

Für einen Komponisten, der sich entschließt, Musik für Chor zu schreiben, besteht die Hauptschwierigkeit darin, mit einem deutlich geringeren Ambitus auszukommen. Schon die Klaviermusik setzt Instrumente mit wesentlich größerem Umfang voraus. Ein normales Klavier verfügt über mindestens sieben Oktaven, während der Ambitus beim Chor im besten Fall vom Contra-C bis zum f^3 der „Königin der Nacht" reicht. Nun werden Begriffe wie hoch und tief relativ zum Gesamtumfang des chorischen Singens gewertet. Das berühmte „Hohe C" des Tenors ist, von einer Klarinette gespielt, uninteressant, weil der Ton im normalen Umfang des Instruments liegt. Es hat daher nicht an Versuchen gefehlt, den Ambitus des Chores nach oben und nach unten zu erweitern. Ich habe am Schluss meiner Transkription des Ravel'schen *Soupir* die Tenöre den letzten Akkord zwei Oktaven tiefer pfeifen lassen, und er klingt, als wäre er mit Falsett gesungen. Holliger lässt in seinem *Scardanelli*-Zyklus die Bässe im „Strohbass-Register" singen, das heißt, mit halber Stimmbandschwingung. Man erreicht damit in der Tat den vermissten 16-Fuß, aber um den Preis, dass man damit keine Koloraturen singen kann. Eine merkwürdige akustische Erfahrung machte ich bei der Transkription von Wagners Wesendonck-Lied *Träume*. Dort, wo ich den Bässen den Akkord *E-G-C* geschrieben hatte, erklang das Contra-C als Kombinationston, während ich im nächsten Akkord *C-Contra-G-C* notierte, was zur Folge hatte, dass der erhoffte 16-Fuß verschwand. Deshalb schrieb ich bei der Transkription von Messiaens *Louange à l'éternité de Jésus* an manchen Stellen, um den 16-Fuß zu fingieren, in den Bässen Quartsextakkorde, ein satztechnisches Unding, das mir aber die gewünschte Bass-Wirkung bescherte. Schon mit diesen wenigen Beispielen beantwortet sich die Frage, weshalb ich meist hochstimmige Sätze schreibe. Ich habe dann immer einen oder zwei Joker im Spiel, die ich zur Klangherstellung einsetzen kann.

Um den Chorsatz farbig zu gestalten oder zu erhalten, achte ich darauf, dass ich jede Stimme autonom ausforme. Jedes Chormitglied fühlt sich dadurch aufgerufen, seinen Part mit einer gewissen Selbstständigkeit und für das Ganze konstitutiv zu exekutieren. Zu solchen „Farbgebungen" gehört auch, dass ich an Stellen mit einem kollektiven *ff*-Ausbruch nicht einen Klang Note gegen Note setze, sondern dem Klang durch Bewegung in den Mittelstimmen eine spezifische Färbung zu geben versuche. Beispiele dafür findet man in Mahlers *Im Abendrot* (Adagietto der 5. Sinfonie), in den *Zwei blauen Augen* und v. a. m. Ein Autor (war es Adorno?) hat diese plötzlichen Ausbrüche als „Aufschreie des Ekels" klassifiziert. In Mahlers Lied *Um Mitternacht* überlegte ich, wie ich das Espressivo der Akkordsäulen steigern könnte. Ich setzte dafür einen, wie ich es nenne, „diatonischen Cluster" ein und erreichte die gewünschte Wirkung ohne chromatische Schärfung. Eine andere Methode kam in Ravels *La Vallée des cloches* zur Anwendung, die Puccini-Oktaven in der Melodie. Ravel und Puccini waren Zeitgenossen, Puccinis *Tosca* entstand 1900, Ravel *Miroirs* wurden 1904–05 geschrieben. Wenn auch zwischen beiden kein intensiver Kontakt bestanden hat, bewunderte Ravel Puccinis *Tosca*, wenn er auch darüber hinaus für den italienischen Verismo keine großen Sympathien hegte.

Die Arbeit mit Klangflächen geht vordergründig aus von Ligetis *Lux aeterna*, der nun schon klassischen Klangflächenkomposition der Neuen Musik. Sie erfuhr aber eine gewisse historische Vertiefung durch ein

Werk der Renaissance-Musik, der 12-stimmigen Messe *Et ecce terrae motus* von Antoine Brumel*, die um 1500 schon alle Charakteristika einer Klangkomposition exponierte. Deshalb habe ich einst den einschlägigen Aufsatz György Ligeti gewidmet. Viel später entdeckte Richard Wagner im *Rheingold*-Vorspiel diese Technik neu, wo sie dann von Schönberg im dritten seiner *Orchesterstücke* op. 16 wieder aufgegriffen wurde. Die Idee, die dieser Kompositionsmethode zugrunde liegt, ist, den musikalischen Zeitverlauf nicht durch Wechsel der Tonhöhen, sondern durch den Wechsel der Klangfarben zu artikulieren. Ich habe von dieser Methode in meiner Transkription von Ravels *Soupir* und an vielen anderen Stellen Gebrauch gemacht, zuletzt in dem Strauss-Lied *Waldseligkeit*. Auch das dritte Lied von Alma Mahler ist davon tingiert. Zwar meint der Rilke-Text „Bei dir ist es traut" eine innige Zweisamkeit, dennoch habe ich die Transkription dem Andenken von Ursi Holliger gewidmet, weil sie in der Zeit, da ich sie schrieb, ihrem Leiden erlegen ist. Ich änderte die Harmonik des Liedes durch ein Insert aus Ravels *L'enfant et les sortilèges*. Damit wollte ich anspielen auf den dreiwöchigen Aufenthalt Ravels in Wien im Oktober 1920, als Ravel im Hause von Alma Mahler logierte. Sicherlich führte Alma Ravel damals ihre Lieder vor. Durch Einfügung des Ravel'schen Harmoniefensters mit der charakteristischen Dissonanz *fis-g* erhielt das Lied plötzlich eine Dimension von Trauer, die mich bewog, es dem Andenken von Ursi Holliger zu widmen.

Bei manchen Transkriptionen ergab sich, besonders, wenn es sich um instrumentale Vorlagen handelte, die Notwendigkeit, Texte zu unterlegen, die die Sänger in die Lage versetzen, die Musik zu artikulieren. Mahler ist bei der Komposition des Liedes *Wo die schönen Trompeten blasen* so weit gegangen, durch die Hinzufügung eines weiteren Textes aus dem *Wunderhorn* den Sinn des Ganzen ins Gegenteil zu verkehren. Aus dem anfänglich einfachen Liebeslied wird durch den eingeblendeten Einberufungsbefehl eine Vision des kommenden „Heldentodes" des Geliebten. In diesem Lied habe ich einen onomatopoetischen Text Verdis verwendet, der den Rhythmus des verhängnisvollen Marsches ausmalt. Fehlte ein Text ganz, sah ich mich verpflichtet, einen solchen zu suchen, und falls dies ohne Gewalt möglich, zu unterlegen. So wählte ich für die Transkription der Debussy-Prélude *Des pas sur la neige* einen Text aus Rilkes französischen Gedichten, den ich mit einigen Zitaten aus Mallarmé-Gedichten anreicherte. Den gleichen Rilke-Text verwendete übrigens auch Hindemith. Bei Ravels *La Vallée des cloches* war es mein Kollege Felix Heinzer, Mittellateiner an der Uni Freiburg, der in Paul Verlaines Sammlung *Nevermore* den adäquaten Text gefunden hat. Bei der Arbeit an diesem Stück bemerkte ich, dass Ravel darin die Glocken des *Parsifal* zitiert hat. Schwieriger gestaltete sich die Suche nach einem Text für die Transkription des 5. Satzes aus Messiaens *Quatuor pour la fin du temps* mit dem Titel „Louange à l'éternité de Jésus". Da Messiaen die Texte zu einigen seiner Werke selbst verfasste, fühlte ich mich autorisiert, im Falle des *Quatuor* ebenso zu verfahren. Ich stellte mir aus Messiaens *Trois petites liturgies de la Présence divine* eine Serie von Invokationen zusammen und unterlegte sie der Musik. Die Transkription widmete ich Pierre Boulez, weil dieser mir erzählt hatte, dass er nach dem Kriege an einer Aufführung dieses Stückes mitgewirkt habe, das Messiaen für fünf Ondes Martenot bearbeitet hatte. Ich wählte eine Besetzung von 19 Stimmen, weil Messiaen eine Vorliebe für Primzahlen gehabt hat. Boulez kommentierte meine Transkription mit dem Satz: „Das ist besser als das Original".

---

* Clytus Gottwald, „Antoine Brumels Messe *Et ecce terrae motus*", AfMw 26 (1969), S. 236–247.

Aus dieser Bemerkung wäre die Forderung abzuleiten, dass eine Transkription, wenn sie sinnvoll sein will, ebenso gut wie das Original, wenn nicht besser als dieses sein muss. Die, wenn man so will, Verfremdung, die Mahler im Lied *Wo die schönen Trompeten blasen* anwandte, habe ich auf die Transkription von Griegs *Solvejg*-Lied übertragen. Ich unterlegte der textlosen Orchesterbegleitung den Text eines Liedes, das Peer Gynt in seiner wilden Zeit zum Lob einer Lebedame angestimmt hatte, und ließ es vom Männerchor singen. Dadurch erfährt Solvejgs Lied eine dramatische Zuspitzung. Sie, die auf die endliche Rückkehr von Peer Gynt wartet, singt ihr Lied im Bewusstsein der Fragwürdigkeit dieser Hoffnung. Dadurch wächst dem Lied eine tragische Dimension zu. Ob diese Lösung besser ist als Ibsens Szenario, steht dahin. Das Lied *Urlicht* leitete Mahler mit einer choralartigen Passage ein, der er jedoch keinen Text unterlegte. Ich wählte einige Zeilen aus einem Gedicht von Annette von Droste-Hülshoff, die den Duktus des folgenden Mahler-Liedes so präzise treffen, dass kein Gefühl des Bruches aufkommen kann. An dem *Adagietto* von Mahlers Fünfter haben sich viele Kenner gerieben. Dieses Gefühl der Unangemessenheit verliert sich sofort, wenn man diesen Satz, wie bis Bach üblich, als Air interpretiert, als verkapptes Vokalstück in instrumentaler Umwelt. Mit Schnebel habe ich diesen Satz als Liebeslied für Alma verstanden. Eichendorffs wunderbarer Text schmiegt sich ziemlich selbstverständlich der Mahler'schen Musik an, obwohl der Verfasser darin auf ein gemeinsames Leben zurückblickt. Dadurch wird jedoch erkennbar, dass Mahlers Liebe zu Alma ihre schmerzliche Seite hatte, was die Hoffnung widerlegt, am Ende sei alles irgendwie gut. Richard Strauss war von dem Text so gefesselt, dass er ihn in seinen *Vier letzten Liedern* verwendete. Durch Mahlers Musik erscheint der Text aber in die Perspektive dessen versetzt, dem dieses finale Glück, das er ausmalt, nicht hold war.

Epilog für Günter Graulich: Wenn ich, der 90-Jährige, diesen Text Dir, dem 90-Jährigen widme, so geschieht das als Dank dafür, dass Du dem, der immer behauptet hat, kein Komponist, aber ein musikalisch denkender Mensch zu sein, vertraut hast.

Clytus Gottwald, *1925 in Bad Salzbrunn/Schlesien. Studium der ev. Theologie, Soziologie und Musikwissenschaft in Tübingen, Promotion mit Dissertation über Johannes Ghiselin-Verbonnet in Frankfurt. 1960 Gründung der *Schola Cantorum* Stuttgart; bis zu deren Auflösung 1990 über 80 Ur- und Erstaufführungen. 1961–2004 Stipendiat der DFG auf dem Forschungsgebiet der musikalischen Paläographie mit zahlreichen Publikationen. 1967–1988 Redakteur für Neue Musik beim damaligen SDR in Stuttgart. Seit 1978 über 100 Chortranskriptionen von Vokal- und Instrumentalmusik (davon 79 seit 1990 bei Carus erschienen).

Günter Graulich: In jungen Jahren

1943 Schüler 17-jährig

1950 Lehrer in Warmbronn, in Motorradkleidung

1950 Warmbronn

1954 auf der Reise mit den Schülern nach Italien, hier in Pisa

1958 Waltraud und Günter auf einer Wanderung

Waltraud Graulich

Günter Graulich: Der Chorleiter, der zum Verleger wurde
Seine Ehefrau Waltraud erinnert sich

Günter bin ich zum ersten Mal nach den Sommerferien 1956 begegnet, als ich nach dem Abitur in Stuttgart meine Ausbildung zum Lehramt begonnen hatte und einen Chor suchte. Eine Studienkollegin nahm mich zum Chorwochenende des Jungen Chors Stuttgart (später Motettenchor Stuttgart) nach Marbach mit, wo ich Günter als einen seine Sänger begeisternden Chorleiter mit schöner Stimme kennen lernte. 1960 heirateten wir, 1967 wurde Johannes als unser 4. Kind geboren, der den Carus-Verlag heute leitet.

Stadtkirche Leonberg. Zum ersten Mal Bachs Weihnachtsoratorium mit dem Jungen Chor Stuttgart, 1955

Günters Weg zum Verleger gingen verschiedene Stationen voraus: Vor Kurzem sind wir wieder einmal nach Warmbronn gewandert, wo Günter seine erste Dienststelle als Lehrer hatte (1946–1951). Dort kamen wir am Grab des Bauerndichters Christian Wagner mit einer älteren Frau ins Gespräch, die Günter wiedererkannte. Kurze Zeit später traf der Brief einer damaligen Schülerin ein, die von dieser Begegnung erfahren hatte. Sie schrieb:

> Spontan wurde der Wunsch in mir lebendig, Ihnen nochmals dafür zu danken, dass wir bei Ihnen die Liebe zur Musik gelernt haben. Wie oft habe ich schon erzählt, welches Glück wir hatten, einen solchen Lehrer bekommen zu haben, der uns das Singen, das Hören und die nötige Disziplin beibrachte. Unsere vier Kinder lernten alle ein Instrument, ein Sohn sang im Hymnus und studierte Musik. Ihnen herzlichst zu danken, ist mir und meiner Schwester ein großes Anliegen.

Günter sagte mir einmal, die Warmbronner Zeit sei wegen der erlebten Harmonie rundum seine schönste Zeit als Lehrer gewesen; er sei dort dem Rat seines Lehrers Gustav Wirsching gefolgt, ein Lehrer müsse bei seinen Schülern Erlebniswerte schaffen. Der Zweite Weltkrieg, Günter war 17-jährig noch im letzten Kriegsjahr eingezogen worden, war kurz zuvor endlich zu Ende gegangen. Nach den Jahren des Schreckens herrschte Aufbruchstimmung im Land, und seine Schüler, meist Kinder aus bäuerlichen Familien, bezeichnete er als begabt und lernbegierig. Mit ihnen konnte er erste pädagogische Erfahrungen sammeln, einen Kinderchor gründen und ausprobieren, was ihm vorschwebte. Bald baten ihn der Pfarrer und der Bürgermeister von Warmbronn, einen Kirchenchor zu gründen und den Leichenchor und Gesangverein zu leiten. Sein Schulrat ließ ihm freie Hand und forderte ihn auf, in Leonberg einen Lehrerchor zu gründen: der Start des späteren Motettenchors. Ausflüge mit Schülern und deren Eltern, auch mit Fahrrad, Zelt und Kochgeschirr in den Schulferien, einmal bis Lugano, zeigten schon damals seine besondere Leidenschaft für das Reisen. Seinen Motettenchor hat er später zu 23 Konzertreisen in Europa und Amerika geführt, die ich zu organisieren hatte; auch habe ich bei den Chorproben die Korrepetition am Klavier übernommen.

Als Lehrer in Warmbronn (1946–1951)

Auf Warmbronn folgten Günters Lehrtätigkeit an Stuttgarter Schulen, als Musiklehrer am Progymnasium Kornwestheim und das Studium für das Höhere Lehramt an der Stuttgarter Musikhochschule – seine prägenden Lehrer dort waren Hans Grischkat und Karl Michael Komma – und Geographie, Geschichte und Sport an den Universitäten in Stuttgart und Tübingen. Danach war Günter bis zu seinem Ruhestand als Studienrat am Max-Planck-Gymnasium in Schorndorf tätig.

Schnappschuss auf einer Konzertreise des Motettenchors Stuttgart

Mit dem von ihm 1951 gegründeten Chor führte er vor allem geistliche Musik auf: Motetten, Kantaten und die oratorischen Meisterwerke mit Orchestermitgliedern des Stuttgarter Staatstheaters. Für seinen Chor war er ständig auf der Suche nach unbekannter bzw. wenig bekannter Literatur. Das Repertoire seines Motettenchors, das er in den 55 Jahren seiner Chorleitertätigkeit in Gottesdienst und Konzert aufgeführt hat, ist in der Festschrift *50 Jahre Motettenchor Stuttgart unter Günter Graulich 1951–2001* dokumentiert (Carus 24.058).

Für sein Konzert mit mehreren Werken von Vivaldi fuhren wir 1968 nach Turin, wo viele Vivaldi-Autographen aufbewahrt werden. Nach deren Einsicht hat Günter das Aufführungsmaterial für sein Konzert mit dem Motettenchor handschriftlich erstellt. Eine Edition des *Gloria* folgte, das erste Werk des von uns beiden 1972 gegründeten Carus-Verlags. Schon Anfang der 60er-Jahre hat mein Mann auf Anfrage von Friedrich Hänssler in dessen Verlag

Motettenchor Stuttgart. Aufnahmen in Böblingen, 1980

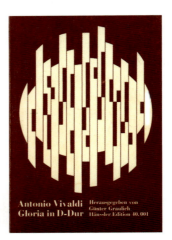
Opus 1: Vivaldi, *Gloria*. Originalausgabe 1972

Werke von Schütz, Eccard und Buxtehude herausgegeben und bei seiner ersten größeren Edition, dem *Magnificat* von C. P. E. Bach, erste Erfahrung im kritischen Edieren sammeln können. Größere Werke und Gesamtausgaben, wie die von Rheinberger (50 Bände), dem gesamten geistlichen Werk von Mozart, Haydn, Mendelssohn u. a., folgten. Günter musste seine Zeit gut einteilen, um das alles neben Schule und der Leitung von zwei Chören zu bewältigen, denn er war 1953 vom Kirchengemeinderat zum Kantor der Stuttgarter Matthäuskirche gewählt worden. Dort war er bis 1994 für die vokale Kirchenmusik in Gottesdienst und Konzert zuständig.

Nach der Gründung des Verlags 1972 im Kohlenkeller von Günters Elternhaus, das Startkapital erhielten wir von einem Chormitglied, wuchs der Verlag rasch. 1984 bezogen wir eine nahe gelegene Vierzimmerwohnung und 1987 ein altes Fabrikhinterhaus in der Stuttgarter Innenstadt. Doch 1991, nach der Übernahme der Notenbestände der geistlichen Werke des Hänssler-Verlags, benötigten wir weiteren Lagerraum. In einer Schreinerei in Stetten, nahe dem Stuttgarter Flugplatz und nur 12 km vom Stuttgarter Zentrum entfernt, hat der Carus-Verlag nach mehreren Umbauten seinen wohl endgültigen Verlagssitz gefunden.

Einweihung der Ausstellungshalle im Carus-Verlag in Stetten (Leinfelden-Echterdingen), 1997. Architekten Michael Beller und Hans Joachim Möckel

Ehe ein Werk zum Druck ging, konnten wir mit dem Motettenchor, der aus Druckfahnen probte, die Qualität der Werke nochmals prüfen und letzte Fehler korrigieren. Ein Glücksfall war, dass der Hänssler-Verlag 17 Jahre lang unsere Neuerscheinungen wie seine eigenen beworben, gelagert und vertrieben hat. So konnten Günter und ich in die ungewohnte, neue Tätigkeit hineinwachsen und die Neuausgaben vom Manuskript bis zur Drucklegung ohne Personalkosten betreuen, bis wir den Arbeitsanfall nach 15 Jahren nicht mehr bewältigen konnten. Unser erster Angestellter, Reinhold Lechler (1983), war ein Glücksfall, denn er war vorher Geschäftsführer im Hänssler-Verlag und kannte die Materie. Heute beschäftigt Carus 60 Angestellte. Die betriebswirtschaftlichen Kenntnisse, die zur Führung eines Verlags notwendig sind, haben wir uns nebenher erarbeitet.

Carus-Belegschaft 1993, Dritter von rechts der damalige Vertriebsleiter Reinhold Lechler

Der Verlag wuchs in seinen ersten Dekaden rasch, nicht zuletzt, weil wir sehr tüchtige Mitarbeiter haben und von außen viele Anregungen erhielten. Diese kamen z. B. von unserem Schweizer Grafiker und Freund Paul Weber, der die Umschlagsgrafiken und unser Verlagssignet entworfen hat, das zu unserem Markenzeichen geworden ist. Auch in den USA hatten wir große Unterstützung durch den amerikanischen Chorleiter und Hochschullehrer Dr. Robert Scandrett und seine Frau Sandy, die uns über das Fachliche hinaus enge und lebenslange Freunde geworden sind. Mit den parallel zu den Noten in hoher Qualität erscheinenden Schallplatten, später CDs (u. a. mit Frieder Bernius oder dem Freiburger Barockorchester) erreichten wir gegenseitig bessere Verkaufszahlen.

Ehepaar Scandrett

Durch viele Reisen machten wir unsere Noten und CDs auch international bekannt. Wir fuhren zu Ausstellungen bei internationalen Musikmessen und Chorleitertreffen und besuchten wichtige Musikalienhändler in Amerika, Australien und Japan. Bei diesen Reisen habe ich Günter meist begleitet. Die Stationen waren in den USA: Phoenix, San Diego, Los Angeles, Seattle, Denver, Kansas City, Minneapolis, Chicago, San Antonio, Dallas, Oklahoma City, Boston, New York und Philadelphia; in Kanada: Vancouver, Winnipeg, Toronto, Montreal und Halifax. Auch waren Notenausstellungen des Verlags in Tokio und bei internationalen Chorleitertreffen von

IFCM und Europa Cantat in Sydney/Australien und in Europa in Ljubljana, Utrecht, Kopenhagen, Barcelona, Nancy, Paris etc. zu betreuen.

2001 trat unser Sohn Johannes in den Verlag ein und hat uns damit von der Suche nach einem Nachfolger in der Leitung des Verlags befreit. Seine Tätigkeit als Kinderarzt an der Charité Berlin hat er aufgegeben und ist zum Verleger geworden. So ist der von seinen Eltern gegründete Verlag ein Familienbetrieb geblieben, dessen Produkte weltweit gefragt sind. Rückblickend kann ich sagen, es ist uns gelungen, Familie, Beruf und Verlag unter einen Hut zu bringen, weil mein Mann und ich gleiche Interessen hatten und miteinander meist am selben Strang zogen. Ich bin glücklich, dass ich ihm zuarbeiten und den Rücken freihalten konnte.

Waltraud, Johannes, Günter Graulich, 2012

Waltraud Graulich, *1937 in Calw, aufgewachsen in einem kinderreichen musikalischen Elternhaus; der Vater Hugo Rümmelin war Lehrer, Organist und Chorleiter in Altensteig. Nach dem Abitur in Nagold Ausbildung zum Lehramt in Stuttgart. Jahrelange Tätigkeit als Lehrerin. 1960 Heirat mit Günter Graulich. 4 Kinder: Markus (1961), Ute (1964), Martina (1965) und Johannes (1967). Chorsängerin und Korrepetitorin am Klavier beim Motettenchor Stuttgart, den ihr Mann 50 Jahre lang bis 2001 geleitet hat. 1972 Gründung des Carus-Verlags in Stuttgart, den sie mit ihrem Mann ohne Angestellte in 15 Jahren aufbaute. Mit der Betreuung der Kinder, mit der Organisation der Konzerte und 23 Chorreisen des Motettenchores und als Geschäftsführerin des Carus-Verlag war sie vollauf beschäftigt. Der Carus-Verlag wird heute von ihrem jüngsten Sohn Johannes geleitet, der ihn als Familienbetrieb mit rund 60 Angestellten weiterführt.

Markus Graulich

Der stetige Wandel der technischen Helferlein
Von der Schreibmaschine bis zur WhatsApp

Mein Vater legte nicht nur bei seinen eigenen Editionen, sondern bei allem, was er schriftlich formulierte, Wert auf höchste Qualität. Die Texte wurden im Laufe der Jahre durch unterschiedlichste Technik erstellt und mein Vater wusste ganz genau, dass er die großen technischen Neuerungen mitmachen wollte und musste, auch zum Wohle des Carus-Verlag.

Die ersten Jahre im Carus-Verlag begnügte er sich noch mit einer manuellen Olympia Schreibmaschine. Dann kam die erste elektrische Schreibmaschine, eine IBM Executive. Er tippte die Texte sehr schnell und konzentriert, trotzdem kamen sich manchmal die langen Typenhebel ins Gehege und wenn mal ein Buchstabe falsch landete, dann half nur das Neuschreiben der gesamten Seite. Wenn es nur eine Kopiervorlage war, konnte man Korrekturen auch mit Tinte oder Blättchen von TippEx durchführen.

Sobald der IBM Composer verfügbar war, konnte mein Vater sich von den Schriftsetzern unabhängiger machen und stellte Druckvorlagen und Manuskripte auf diese Technik um. Mit den leicht wechselbaren Kugelköpfen waren verschiedene Fonts und Fontgrößen, Fett und Kursivdruck möglich. Außerdem konnte er die Buchstaben sehr genau positionieren und noch schneller schreiben. Notentexte wurden mit einem Skalpell ausgeschnitten und mit Maribu Fixogum exakt unter den Notenhälsen positioniert und geklebt.

Mit der Schreibmaschine wurden im Carus-Verlag bis 1982 auch Lieferscheine und Rechnungen getippt. Die gedruckten Seiten wurden von Hand gefaltet, kuvertiert, adressiert und mit der Post verschickt. Und da sehr viel 'just in time' fertig wurde, wurden die Briefe oft per „Eilboten" verschickt. So konnte man sicherstellen, dass sie den Empfänger am nächsten Tag noch erreichten.

Sobald die erste EDV erschwinglich war, wagte mein Vater im Jahre 1982 mit einem Kontron PSI, CP/M Betriebssystem und 20 MB Festplatte den Einstieg. Neben der Artikel und Kundenverwaltung, Faktura und Finanzbuchhaltung konnte er nun endlich Briefe speichern und beliebig oft verändern, was zu einer neuen Perfektion in der Briefformulierung führte. Allerdings konnte man die Texte nur in einem Editor mit grünen Einheitsbuchstaben auf schwarzem Grund eintippen. WYSIWYG (What You See Is What You Get) war da echt noch ein Fremdwort. Die Texte konnte man dann über einen Matrixdrucker ausdrucken, nach jeder kleinen Änderungen den Ausdruck wiederholen, bis alle Formulierungen optimal waren. Ein Quantensprung in der Bürotechnik. Aber die Technik war noch zickig und bereitete ihm (und mir) so manchen Ärger.

Ab Mitte der 80er-Jahre began die Ära des IBM PC mit Betriebssystem DOS. Mein Vater erkannte, dass die Zeit reif für eine eigene Carus Software war. In Ulrich Mössinger fand er einen Software-Entwickler, der auf Basis des DBASE Compilers Clipper eine maßgeschneiderte Software baute. 1988 brachte ich den ersten IBM PC, ein PS/2 Model 80 mit 115 MB Festplatte, 2 MB RAM und 3.5 Zoll Diskettenlaufwerk, aus USA mit.

Olympia Schreibmaschine

Kugelköpfe für verschiedene Schriften (IBM Composer)

IBM Composer Correcting Selectric

IBM PS/2 Model 80

Datenträger Diskette, 3.5 Zoll

Die Carus Software verrichtet bis heute ihren Dienst, im Laufe der Jahre wurde die Software durch Uwe Renner immer weiter angepasst und netzwerkfähig gemacht, so dass man den Anforderungen der wachsenden Carus Belegschaft, bspw. für das gleichzeitige Fakturieren auf mehreren PCs, gerecht werden konnte.

Für meinen Vater hielt in den 90er-Jahren die nächste Generation von Desk Top Publishing mit Quark Xpress und moderner WYSIWIG Benutzeroberfläche Einzug. So hatte er jetzt endlich alle Möglichkeiten, Inhalte so zu präsentieren, wie er sich das vorstellte. Jetzt konnte er Manuskripte beliebig oft überarbeiten.

Die weltweiten Kontakte und die kurzen Editionszyklen konnte er ab Anfang der 90er-Jahre dank des Faxgeräts schneller bedienen: Die gedruckten Seiten wurden ins Faxgerät eingelegt, die Faxnummer des Empfängers eingetippt und schon wurden die Dokumente in wenigen Sekunden durch die ganze Welt geschickt. So war das Fax sehr schnell nicht mehr wegzudenken. Und wieder ein Jahrzehnt später war das Verschicken von Dokumenten über das Internet auch per Email möglich.

Nicht jede weitere Entwicklung kann und soll an dieser Stelle erwähnt werden, nur eines noch: Die Möglichkeiten, die das Internet und die Digitalisierung gebracht haben, wurden von meinem Vater immer mit großem Interesse verfolgt und genutzt. Heute ist er ein begeisterter Nutzer eines Smartphone mit WhatsApp, um sich mit seinen Freunden, Kindern und Enkeln über Text Chat und Bildübertragung zeitnah auszutauschen.

Welche technischen Neuerungen er wohl noch erleben wird? Wir hoffen noch viele!

Markus Graulich, *1961 studierte Elektrotechnik an der Universität Stuttgart und der Oregon State University. Er begleitete die Anfänge der Carus EDV. Seit 1989 entwickelt er bei IBM Deutschland als IT Architekt innovative Lösungen. In seiner Freizeit spielt er Oboe im PaulusOrchester Stuttgart.

Martina, Markus, Johannes Graulich und Ute Kelemen

Neuland

Dass man bei Carus so viel Chormusik findet, ist kein Zufall. Schon in jungen Jahren hat sich Günter für die Chorliteratur begeistert, die ihm von seinen Lehrern Hans Grischkat und Gustav Wirsching ans Herz gelegt wurde: Von Gustav Wirsching das Volksliedergut, von Hans Grischkat die Musik J. S. Bachs.

Die Gründung eines eigenen Chors vor mehr als 65 Jahren war nur der Auftakt einer lebenslangen Reise zu Neuland auf dem Gebiet der Chormusik. Stationen dieser Reise waren auch die Bibliotheken der ehemaligen DDR. In Leipzig, Dresden und Berlin waren er und seine Gattin Waltraud oft gesehene Gäste. Wie viele Kilo Kaffee über die Grenze transportiert wurden, ist nicht bekannt. Kaffee war der Schlüssel zu den Autographen von Komponisten wie Mendelssohn, Bach und seiner Familie sowie zu Handschriften von damals noch unbekannten Komponisten des Dresdner Hofs.

Für Vivaldi wurde der Kompass auf Turin eingestellt. Auf dem Weg dorthin kam er durch Liechtenstein, der Heimat von Josef Gabriel Rheinberger. Auch eine große Entdeckung. Zuhause angekommen wurde die Musik vierhändig am Klavier mit seiner Frau gesichtet. Bis in die späten Abendstunden klang die Musik von Schumann, Schütz und Buxtehude und vielen anderen durchs Haus.

Romantische Musik kam erst ins Verlagsprogramm, als Herbert Liedecke den Motettenchor einlud, in seiner Kirche mit einem Werk von Reger, *Meinen Jesum lass ich nicht*, aufzutreten. Die Begeisterung dafür führte zur Veröffentlichung vieler romantischer Chorwerke bei Carus. Romantische Musik war zu der Zeit mehr oder weniger verpönt und die Chormusik etwa von Mendelssohn, Schubert oder Schumann noch wenig bekannt.

Im Zeitalter von Internet, Spotify und iTunes ist der Zugang zu jeder Art von Musik denkbar einfach. Damals war es noch die Schallplatte, mit der die Schätze aus den Bibliotheken einem größeren Publikum vorgestellt werden konnten. Die technischen Möglichkeiten einer Aufnahme waren in dieser Zeit noch begrenzt. Die Tonmeister gingen eher wie Handwerker mit Schere und Klebstoff zu Werk, um die langen Tonbänder zu bändigen. In dieser Zeit wurden einige Konzertprogramme des Motettenchors auf Schallplatte dokumentiert, die teilweise heute wieder als CD erhältlich sind. Musiziert wurde aus noch nicht gedruckten „Carus-Korrekturexemplaren". Das war die Geheimwaffe von Carus gegen Druckfehler. Nach Korrektur der Fehler des Aufführungsmaterials dieser Konzerte konnte ein Werk zum Druck gebracht werden. Einige der so produzierten Werke gehören heute zum Repertoire von Chören auf der ganzen Welt. Heute noch erhältlich sind Aufnahmen mit dem Motettenchor unter Günter Graulich von Telemann, Dvořák, Buxtehude und Schütz.

Günter (und mit ihm der Carus-Verlag) war technisch immer auf der Höhe seiner Zeit. Als 1983 die erste Carus-CD erschien, Mendelssohns *Hör mein Bitten* mit dem Stuttgarter Kammerchor, war die kleine runde Scheibe gerade einmal ein Jahr auf dem Markt. Und schon 1982 hat Günter den herkömmlichen Arbeitsplatz gegen einen Platz an einem Kontron-Computer eingetauscht. In jeder Beziehung war immer nur das Modernste, Beste und vor allem Schönste gut genug. Auf jedem Cover und auf jeder Notenseite findet sich sein Ringen um Ästhetik. Wenn die Farben nicht gut getroffen waren, musste der Drucker die Druckfarben nochmals neu mischen. Und nur der Mond weiß, wie viele Nächte Günter für die besten Wendestellen in den Notenausgaben geopfert hat.

Die Auswahl der CD- oder Plattencover war eine seiner Leidenschaften. Noch heute kennt man die CD-Cover mit Bildern des Stuttgarter Künstlers Max Ackermann, die Schallplattencover, die Günter selbst fotografiert hat, jedoch kaum noch. Um optimale Bedingen etwa für das Ablichten des Isenheimer Altars von Matthias Grünewald in Colmar zu haben, hat er sich über Nacht im Museum einschließen lassen und auch ansonsten für die beste Aufnahmeposition manchmal Leib und Leben riskiert.

In der Wahrnehmung von uns Kindern war der im Untergeschoss unseres Hauses im Stuttgarter Süden wachsende Carus-Verlag nur einer von vielen Bereichen im Leben unseres Vaters. Zusammen mit seinen weiteren Aufgaben, dem Lehrerberuf, dem Chor, der kinderreichen Familie und den vielen Reisen ließen sich mehrere Leben füllen.

Johannes, Markus Graulich, Ute Kelemen, Martina Graulich.
Ute Kelemen ist Geigerin bei der Dresdner Philharmonie.
Martina Graulich ist Mitglied des Freiburger Barockorchesters (Violine).
Markus Graulich ist Ingenieur bei IBM.
Johannes Graulich ist Arzt und heutiger Verlagsleiter von Carus.

Sonja Greiner

Günter Graulich zum 90. Geburtstag

Seit Mitte der 90er-Jahre arbeite ich nun schon für Europa Cantat und die European Choral Association, Günter kenne ich allerdings schon länger. Wir begegneten uns Anfang der 90er-Jahre, als ich Geschäftsführerin für den Internationalen Kammerchor-Wettbewerb Marktoberdorf war.

1995 übernahmen Dolf Rabus und ich das Generalsekretariat von Europa Cantat und erbten ein Projekt, das schon seit Jahren brütete, aber nicht richtig fertig wurde: eine europäische Sammlung von Weihnachtsliedern für Kinder- und Mädchenchöre, die von einer Musikkommission des Vereins begonnen worden war, weil es offensichtlich nicht genügend gute Literatur auf diesem Gebiet gab. Durch unsere Zusammenarbeit mit dem Carus-Verlag im Zusammenhang mit den Marktoberdorf-Festivals kam uns die zündende Idee, mit Günter Graulich über das Projekt zu sprechen, und wir legten so den Grundstein für unsere langjährige Zusammenarbeit.

Als wir *Hodie Christus natus est* als Neuerscheinung am Carus-Stand präsentierten, verwendete Günter das Bild der 9-jährigen Schwangerschaft, die dann endlich zur Geburt eines Kindes geführt hatte, auf das wir beide stolz waren. Wenn ich mich nicht täusche, fand diese Präsentation 1999 im Rahmen des Weltsymposiums für Chormusik in Rotterdam auf der Expo statt, und wir begossen das gemeinsame Kind mit einem Glas Sekt.

Überhaupt hatten wir das Vergnügen, uns regelmäßig bei nationalen und internationalen Chorveranstaltungen zu treffen und gemeinsam auf der Ausstellung des Weltsymposiums für Chormusik zu arbeiten. Wir haben uns nur sehr selten in Stuttgart gesehen, dafür in verschiedenen Städten Europas und der Welt, wie z. B. in Sydney, Rotterdam, Minneapolis und Kyoto. Ich erinnere mich an viele schöne Gespräche, manches Mal gingen wir zusammen essen, andere Male teilten wir Leid und Freud des Aussteller-Daseins miteinander. Lange Zeit kannte ich keine anderen Mitarbeiter/innen des Verlags, das Ehepaar Graulich war für mich der Carus-Verlag, auch wenn ich inzwischen natürlich viele andere Mitarbeiter kennen und schätzen gelernt habe.

Die Zusammenarbeit für dieses erste Chorbuch hatte beiden Seiten Freude gemacht, und so sprachen wir schon bald darüber, was wir weiter zusammen planen könnten. Unser nächstes gemeinsames Projekt war die Weihnachtslieder-Sammlung für gemischte Chöre *Hodie Christus natus est II* (Carus 2.090), eine logische Fortführung des ersten Projekts.

Eine neue Idee ergab sich aus verschiedenen Gesprächen, die wir führten, über die Situation der Volksmusik in Deutschland und Europa, über die Rolle der internationalen Chorwettbewerbe, bei denen Volkslieder immer eine wichtige Rolle spielten … und so entstand die Idee für *Laula Kultani*, die Volksliedersammlungen für gleichstimmige und gemischte Chöre. Auf beiden Seiten gab es, wie schon bei der ersten Sammlung, Ansprüche an die Qualität und die Aufbereitung, wir wollten die Stärken des Netzwerks von

Europa Cantat kombinieren mit der musikalischen und verlegerischen Qualität des Carus-Verlags. So waren wir uns schnell einig, dass eine reine Liedersammlung nicht ausreichen würde, es müssten auch Übersetzungen, Aussprache-Dateien und musikalische Aufnahmen der Werke angeboten werden.

Günter drückte oft seine Begeisterung für unsere Zusammenarbeit aus, und wollte mich auch mal zur Verlegerin einer Sammlung machen. Ich konnte ihn nur mit Mühe überzeugen, dass Verlegen nicht meine Aufgabe war, sondern koordinieren und organisieren. Gelegentlich bot er mir auch eine Stelle im Verlag an, falls es mit dem Chorverband auf Dauer nicht klappen sollte. Auch wenn die Angebote vermutlich nicht wirklich ernst gemeint waren, da mir für solche Aufgaben die Ausbildung fehlte, fühlte ich mich doch dadurch geschmeichelt, und das Kompliment tat gut.

Manchmal denke ich daran, dass Günter eigentlich zu der Zeit, zu der wir uns kennenlernten, schon in einem Alter war, in dem andere sich zur Ruhe setzen. Aber der Carus-Verlag war sein Lebenswerk und sein Leben. Auch wenn er ein paar Jahre später die Verantwortung für den Verlag in die Hände seines Sohnes Johannes übergab, blieb er doch stets aktiv und präsent. Ich weiß noch, dass ich ihn dafür bewunderte, wie er offiziell bei einer Veranstaltung im Verlags-Gebäude die Verantwortung abgab, auch wenn es ihm sichtlich schwerfiel, „sein Kind" in andere Hände geben. Ganz loslassen konnte er nicht, er war auch danach noch an vielen Projekten beteiligt und als über 80-jähriger noch häufig am Messestand zu finden, fast immer begleitet von seiner Frau Waltraud, die den Carus-Verlag gemeinsam mit ihm gründete und ein nicht wegzudenkender Bestandteil seines Lebens war und ist.

Unsere Zusammenarbeit mit dem Carus-Verlag ging weiter, und Günter nahm auch an der Entwicklung des gemeinsamen Wiegenlieder-Buches (Carus 2.405) und der Diskussion darüber, ob daraus ein Chorbuch entstehen könnte, regen Anteil.

Da kann man Günter zum 90. Geburtstag nur wünschen, dass er noch lange Anteil nehmen kann:
Ad multos annos – oder mit einem russischen Chorlied ausgedrückt: „Mno gaja leta!"

Nach Sprachstudium und Referendariat wurde **Sonja Greiner** Geschäftsführerin des *Internationalen Kammerchor-Wettbewerbs* und *Musica Sacra* in Marktoberdorf. Seit 1996 ist sie für die *European Choral Association – Europa Cantat* tätig, seit 2002 als Generalsekretärin. 2000–2013 war sie im Vorstand des Europäischen/Internationalen Musikrates, 2015 wurde sie zum Ehrenmitglied des Internationalen Musikrates ernannt.

Wolfgang Hochstein

Erinnerungen

Der 90. Geburtstag von Günter Graulich hat mir ein kleines eigenes Jubiläum ins Bewusstsein gebracht, denn seit nunmehr 30 Jahren bin ich als Herausgeber für den Carus-Verlag tätig. Einige aus meiner Sicht bedeutsame Stationen dieser langjährigen Zusammenarbeit möchte ich nachfolgend Revue passieren lassen.

Nachdem ich dem Verlag ein schriftliches Angebot zur freiberuflichen Mitarbeit zugesandt hatte, erhielt ich am 14. Januar 1986 einen ersten Anruf von Günter Graulich. Das Datum weiß ich so genau, weil ich bis heute einen Zettel mit Stichworten verwahre, die ich während des Telefonats aufgeschrieben habe. Unmittelbar nach dieser Kontaktaufnahme bekam ich den Auftrag, die ins Stocken geratene Edition von Niccolò Jommellis „Stuttgarter" *Te Deum* von 1763 fertigzustellen. Und das war gleich eine ziemliche Herausforderung, weil die Ausgabe, so wie sie angefangen war, auf einer Quelle basierte, die zu den eher peripheren Überlieferungen des Stückes gehört. Die Bezugnahme auf Quellen höherer Authentizität machte dann auch zahlreiche Änderungen am bereits gestochenen Notentext sowie eine Neufassung der Textteile erforderlich. Mit der Bewältigung dieser vertrackten Situation hatte ich dann aber wohl meine Tauglichkeit als Herausgeber bewiesen…

Anschließend folgten mehrere Einzelausgaben kirchenmusikalischer Werke von Johann Adolf Hasse, darunter jene beiden bedeutenden Stücke, die der Komponist für die Einweihung der katholischen Hofkirche zu Dresden im Jahre 1751 geschrieben hatte und die trotz ihrer ungebrochenen Dresdner Aufführungstradition noch nicht im Druck erschienen waren: die *Messe d-Moll* und das *Te Deum in D-Dur*. In den Umkreis dieser Werke gehören auch die Marienantiphon *Regina coeli* mit ihrer anmutigen musikalischen Realisierung des „Osterlachens" im chorischen Unisono und die stimmungsvolle Weihnachtsmotette *Venite pastores*.

Gern denke ich an die Ausgaben mit Kompositionen von César Franck zurück, unter ihnen symphonisch besetzte Werke wie die *Messe A-Dur* und die prägnante Vertonung des 150. Psalms *Alleluja! Louez le Dieu*. Als Erstausgabe hervorzuheben ist der Band mit den *Sieben Worten Jesu am Kreuz*. Die autographe Partitur dieser oratorischen, 1859 komponierten Passionsmusik hatte anscheinend für mehr als 100 Jahre kaum beachtet in der Universitätsbibliothek zu Lüttich gelegen – vielleicht, weil ihr ein Titelblatt mit näheren Angaben fehlt. Ebenso ans Herz gewachsen wie dieses schöne Stück sind mir die kleineren Franck'schen Kirchenwerke wie *Dextera Domini* und *Quae est ista* – und natürlich die berühmte eucharistische Motette *Panis angelicus*.

Neben der Entdeckung unveröffentlichter und dem Neudruck vergriffener Werke verfolgt der Carus-Verlag bekanntlich auch das Ziel, exemplarische Ausgaben von Kompositionen des Standard-Repertoires vorzulegen. In diesem Bestreben trug Günter Graulich die Bitte an mich heran, drei der späten Messen von Joseph Haydn zu edieren: die *Missa in Angustiis* („Nelson-Messe"), die *Missa in tempore Belli* („Paukenmesse") und die als „Theresienmesse" bekannte *Messe in B-Dur*. Die Stücke liegen zwar in mehreren neueren Ausgaben einschließlich der Haydn-Gesamtausgabe vor, doch zeigte sich bei erneuter Beschäftigung mit den relevanten Quellen, dass die Diskussion um die vom Komponisten intendierte

Werkgestalt noch nicht in allen Fällen als abgeschlossen betrachtet werden kann; dies gilt speziell für die „Paukenmesse". Dass zu diesem bereits 1958 in Band XXIII,2 der Gesamtausgabe erschienenen Werk bis heute (!) noch kein Kritischer Bericht existiert, macht die Carus-Ausgabe auch unter philologischem Aspekt umso wertvoller.

Ein besonders ambitioniertes Verlagsprojekt war die Gesamtausgabe der Werke von Josef Gabriel Rheinberger. Ich habe es als dankbare Aufgabe empfunden, in fünf Bänden dieser Reihe alle 17 Messen und Totenmessen, die der Komponist als gültige Werke anerkannt und mit Opuszahlen versehen hat, zu edieren; dabei konnte ich auch das Credo der unvollendeten a-Moll-Messe op. 197 nach den in München verwahrten Skizzen vervollständigen. Ebenso lohnend war die Beschäftigung mit Rheinbergers zwei Orgelkonzerten, die ich zusammen mit der Suite op. 149 in einem weiteren Band vorgelegt habe.

Nicht zu vergessen sind die Ausgaben dreier attraktiver Werke, die ich ebenfalls auf Anregung von Günter Graulich übernommen hatte: die von Johannes Brahms selbst stammende vierhändige Fassung seines Deutschen Requiems, das großartige c-Moll-Requiem von Luigi Cherubini und die kritische Neuausgabe von Wolfgang Amadeus Mozarts Solomotette Exsultate, jubilate nach dem wiederentdeckten Autograph und dem erst 1978 aufgefundenen Stimmensatz Salzburger Provenienz; beide Quellen hatten der Neuen Mozart-Ausgabe nicht zur Verfügung gestanden.

Zum Schwerpunkt meiner Zusammenarbeit mit Günter Graulich und seinem Verlag hat sich im Lauf der Jahre aber der Komponist Johann Adolf Hasse entwickelt. Abgesehen von den bereits erwähnten Einzelausgaben erscheint bei Carus seit 1999 auch die von der Hasse-Gesellschaft Bergedorf geförderte „Hasse-Werkausgabe", von der bisher drei Bände mit Kirchenmusik und zwei Bände mit Bühnenwerken vorliegen. Der erste, zu Hasses 300. Geburtstag publizierte Band wurde mit dem Deutschen Musikeditionspreis in der Kategorie Gesamtausgaben ausgezeichnet. Überdies kommen bei Carus die „Hasse-Studien" mit bisher sieben Heften und drei Sonderbänden heraus. Ohne Frage haben all diese Publikationen ganz wesentlich dazu beigetragen, dass Hasses Werke inzwischen den Weg zurück in die Musikpraxis und in das Bewusstsein des Publikums finden.

Ohne die ermutigende Befürwortung und den verlegerischen Wagemut von Günter Graulich wären die genannten Projekte kaum zustande gekommen. Da er selbst jahrzehntelang auf professionellem Niveau als Musiker aktiv war, hat „GG" ein sicheres Gespür für die Qualität von Kompositionen entwickelt und das Repertoire seines Verlages entsprechend geprägt. Ich bin und bleibe Günter Graulich in Dankbarkeit und höchster Wertschätzung verbunden.

Bild: Renate Lefeldt

Wolfgang Hochstein, *1950, studierte Schulmusik, Theorie/Komposition, Klavier und Orgel in Detmold sowie Musikwissenschaft in Hamburg. Promotion 1981 bei Hans Joachim Marx. 1976 als bundesweit erste hauptamtliche Lehrkraft für Schulpraktisches Klavierspiel an die Hochschule für Musik und Theater Hamburg berufen. Seit Oktober 2015 emeritiert. Nebenamtlicher Kirchenmusiker an St. Barbara Geesthacht. Zahlreiche Editionen mit Werken u. a. von Hasse, J. Haydn, C. Franck und Rheinberger im Carus-Verlag sowie zahlreiche Publikationen, bes. zur Kirchenmusik.

Klaus Hofmann

Von den Freuden des Edierens

Den meisten Menschen wird nicht an der Wiege gesungen, wohin das Leben sie führen wird, welchen Weg sie einschlagen, an welchen Stationen sie verharren und welche Ziele sie erreichen werden. Dem, der auf dem Weg ist, will oft scheinen, dass alles offen ist; und wo der Weg sich gabelt, scheint seine Wahl der Richtung oft mehr dem Zufall als einem Plan zu folgen. Wenn aber nach Jahren und Jahrzehnten Zeit und Muße gekommen ist, innezuhalten und zurückzublicken, sieht manches anders aus. Zuweilen glaubt man dann zu erkennen, dass da doch eine verborgene Spur vorgezeichnet war. Nicht dass man ihr immer gefolgt wäre; denn zum Leben gehören auch die Umwege, die Nebenstraßen und die Seitenpfade. Aber danach hat doch stets ein innerer Kompass wieder den Weg gewiesen auf jene unsichtbar vorgezeichnete Spur. Ich spreche von meinem Leben, aber ich glaube, dass der Jubilar diese Erfahrungen zu einem guten Stück teilt.

Ich habe immer gerne gesungen, die Klavierstunden meiner frühen Jahre allerdings als bloßes Pflichtpensum absolviert, und als ich dreizehn, vierzehn war, interessierte ich mich hauptsächlich für Radiotechnik und wollte später einmal Ingenieur werden. Bald darauf aber habe ich mich für Musik begeistert, nun auch eifrig Klavier geübt, die Blockflöte für mich entdeckt, dazu die Freuden der Kammermusik und des Chorgesangs, später kam noch die Oboe dazu, und bei alledem entwickelte ich eine starke Neigung zur Alten Musik. Mein neuer Berufswunsch war nun die Musikwissenschaft. Dieses Fach habe ich dann auch studiert, allerdings mit einem vorübergehenden Ausflug in die Rechtswissenschaft, von dem dann als eines meiner beiden Promotionsnebenfächer Urheber- und Verlagsrecht übrig blieb (was sich in der Folge als sehr nützlich erwies).

Mit der plötzlichen Musikbegeisterung des Fünfzehnjährigen ging fast von Anfang an ein besonderes Interesse an allen Arten gedruckter Musik einher: Notenausgaben zogen mich geradezu magisch an. Bald kannte ich alle wichtigen Musikverlage und ihre Kataloge, und auch mein ganzes Taschengeld setzte ich in Notenausgaben um. Dass ich selbst einmal solche Notenausgaben herausgeben würde, habe ich damals nicht geahnt. Aber im Nachhinein sehe ich da etwas von der verborgenen Lebensspur.

Der Impuls für meine erste Edition kam überraschend. 1963 lernte ich als studentischer Mitarbeiter einer Musikwoche den Pfarrer der Kaufbeurer Dreifaltigkeitskirche kennen. Er erzählte mir von allerhand Musikalien des 18. Jahrhunderts, die auf dem Dachboden seiner Kirche lagerten, unter anderem Kirchenkantaten von Telemann, und lud mich ein, mir die Bestände anzusehen. Das war dann ein großes Abenteuer für mich. Mit Begeisterung stürzte ich mich besonders auf die Telemann-Kantaten, und rasch stand mein Entschluss fest, die schönsten davon in Neuausgabe vorzulegen. Als erste dieser Kantatenausgaben erschien *Siehe, das ist Gottes Lamm* 1964 im Hänssler-Verlag (inzwischen CV 39.491). Damals wurde das Edieren für mich zu einer Leidenschaft, die bis heute anhält.

Als hätte meine erste Notenausgabe die Spur vorgezeichnet, wurde ich nach dem Abschluss meines Studiums 1968 Mitarbeiter des Hänssler-Verlags als Lektor und Herausgeber. Die damals noch neue *Stuttgarter Schütz-Ausgabe* hatte es mir besonders angetan. Und hier ergaben sich auch die ersten Kontakte zu Günter Graulich, dem Gründungsherausgeber der Ausgabe. Neben der Arbeit an vielerlei anderen Ausgaben, die ich zu betreuen hatte, habe ich damals das Vorwort zu dem Band *Zwölf geistliche Gesänge* geschrieben und wenig später auch zusammen mit Günter Graulich und Paul Horn das Vorwort zu den *Musikalischen Exequien* verfasst.

Günter Graulich ist früh auf mich zugegangen. Für seine Konzerte und Aufnahmen habe ich in den 1970er Jahren unter anderem Einführungen in Schütz' *Musikalische Exequien* und in die *Weihnachtshistorie* sowie verschiedene Schallplatten-Begleittexte verfasst. Hinzu kamen erste Editionen im damals noch jungen Carus-Verlag mit Instrumentalwerken von Händel, Molter, Janitsch und Karl Friedrich Christian Fasch. Auch als Musiker habe ich Günter Graulich damals erlebt; und einmal habe ich unter seiner Leitung in der *h-Moll-Messe* im *Sanctus* die dritte Oboe gespielt.

1978 bin ich meiner Neigung zu Bach und zur Bach-Forschung gefolgt und als Wissenschaftlicher Mitarbeiter in das Johann-Sebastian-Bach-Institut Göttingen eingetreten, das zusammen mit dem Bach-Archiv-Leipzig die *Neue Bach-Ausgabe* herausgab. 1981 habe ich die Leitung des Instituts übernommen, die ich dann für 25 Jahre bis zu meinem Eintritt in den Ruhestand innehatte. Auch in dieser Zeit stand die Edition von Musik im Mittelpunkt meines Berufslebens.

Klaus Hofmann und Günter Graulich

Die Verbindung nach Stuttgart ist auch nach 1978 nie abgerissen. Aber in besonderer Weise aktiviert wurde sie 1991/92, als der Carus-Verlag das Verlagsprogramm des Hänssler-Verlags übernahm. Damals kamen Günter und Waltraud Graulich auf mich zu und baten mich, als Kenner der Materie bei der Sichtung von Teilen der übernommenen Bestände zu helfen. Ich war ein freundlich umsorgter Gast im Hause Graulich, konnte auch tatsächlich behilflich sein und hatte bei alledem so etwas wie eine Vorahnung, dass aus unserer Zusammenarbeit eines Tages Freundschaft werden könnte – und inzwischen ist sie das längst geworden.

Unsere Zusammenarbeit wurde rasch eng und lebhaft. Immer wieder wurde ich als Ratgeber beigezogen. Vor allem aber kam es auch zu neuen Carus-Editionen, und seit ich im Ruhestand bin, hat sich meine Herausgebertätigkeit noch intensiviert. Eine große Freude ist mir bis heute, dass ich die *Stuttgarter Telemann-Ausgaben*, für die ich mich schon bei Hänssler besonders eingesetzt hatte, bei Carus mit einer stattlichen Zahl von Editionen fortsetzen konnte; und eine Genugtuung war es auch für mich persönlich, dass der Verlag 2009 für sein Engagement auf diesem Gebiet mit dem Magdeburger Georg-Philipp-Telemann-Preis ausgezeichnet wurde (wozu ich die Laudatio halten durfte). Auch an der Fortführung der bei Hänssler begonnenen *Stuttgarter Bach-Ausgaben* bin ich bis heute als Herausgeber beteiligt, wobei ich mich gewissermaßen als Spezialist für besonders knifflige Fälle eingebracht habe: Kantaten mit heikler Quellenlage oder solche, die in mehreren Fassungen überliefert sind, kurzum Werke, bei denen komplizierte Sachverhalte zu bewältigen und zu erklären sind – aber das hatte ich ja im Göttinger Bach-Institut gelernt.

Einen Höhepunkt der Zusammenarbeit auf dem Gebiet der *Stuttgarter Bach-Ausgaben* bildete die Edition der *Matthäus-Passion*. Günter Graulich hatte mich lange darum gebeten. Ich zögerte, diese Riesenaufgabe zu übernehmen. Aber mit der ihm eigenen Beharrlichkeit hat Günter mich schließlich überredet, und nicht lange nach seinem 80. Geburtstag habe ich zugesagt. Heute, ein Jahrzehnt später, liegt die Ausgabe schon einige Zeit vor, findet auch Zuspruch, und die schönste Anerkennung für den Verlag wie für den Herausgeber ist die jüngst bei Carus erschienene CD-Einspielung von Frieder Bernius.

Ich wollte über die Freuden des Edierens schreiben: Ja, das „Knifflige" bei den Bach-Ausgaben macht mir Freude. Aber mehr als das ist es das Vermitteln zwischen Wissenschaft und Praxis in der Gestaltung des Notentextes, vor allem aber auch durch das Vorwort und den Kritischen Bericht. Herausgeberfreuden anderer Art aber bereiten vor allem die Erstausgaben. Dazu zählen viele meiner Telemann-Editionen und auch andere Veröffentlichungen, so etwa manches in der Reihe *Flauto e Voce*, die ich mit Peter Thalheimer zusammen betreue. Hier handelt es sich oft um Werke, die Jahrhunderte lang in den Archiven in Handschriften oder in alten Drucken geschlummert haben und die nun erstmals der heutigen Praxis zugänglich gemacht werden. Besonders wenn ein Werk nur in Stimmen überliefert ist und erst mit der Anfertigung der Partitur auf dem eigenen Schreibtisch nach und nach sichtbar wiederersteht, ist das ein Abenteuer, das nur wir Editoren kennen, und ein Vergnügen, das durch nichts zu ersetzen ist.

Die größte Freude freilich erlebt der Herausgeber, wenn er das Ergebnis seiner Bemühungen als gedruckte Ausgabe in Händen hält; steigern lässt sich dieses Erlebnis nur noch durch eine wohlgelungene Aufführung nach der neuen Ausgabe.

Günter Graulich kennt all diese Herausgeberfreuden. Aber für ihn kommen noch die des Verlegers hinzu. Möge das neue Jahrzehnt von beiden noch viel für ihn bereithalten – und dazu die Gesundheit und Rüstigkeit, Herausgeber- und Verlegerfreuden in vollen Zügen zu genießen!

Klaus Hofmann, *1939 in Würzburg. Studium der Fächer Musikwissenschaft, Neuere deutsche Literaturgeschichte und Urheber- und Verlagsrecht in Erlangen und Freiburg, Promotion 1968. 1968–1978 Lektor des Hänssler-Verlags Neuhausen-Stuttgart. 1978 Wissenschaftlicher Mitarbeiter, 1981–2006 Stellvertretender Direktor und hauptamtlicher Leiter des Johann-Sebastian-Bach-Instituts Göttingen. 1982–2006 Mitglied des Direktoriums der Neuen Bachgesellschaft. 1989–2006 Mitglied des Herausgeber-Kollegiums der Neuen Bach-Ausgabe. Seit 1994 Honorarprofessor der Georg-August-Universität Göttingen. Zahlreiche Publikationen zur Musikgeschichte vor 1800 mit den Schwerpunkten Bach, Bach-Familie, Telemann, Schütz.

Wolfgang Horn

Natur, Musik, Schöpfung – Der Rahmen eines Lebenswerks

Was Musik an und für sich sei, ist kaum zu beantworten. Was Musik aber einem bestimmten Menschen bedeutet, das kann man schon eher sagen. Günter Graulich ist von Hause aus Lehrer und Kirchenmusiker, mithin im Kern seines Wesens jemand, dem Musik nicht zur bloßen Unterhaltung dient: Sie ist ihm eine Herzensangelegenheit und ein unverzichtbarer Teil seiner Existenz. Günter Graulich ist aber auch Verleger, und damit stellt er sich in die humanistische Tradition der Bewahrung menschlichen Geistes in Form von sorgfältig erstellten Texten; damit ist ihm Musik auch eine Bildungsangelegenheit. Und weil ein Verlag die Erzeugnisse anderer, oft längst verstorbener Künstler bewahrt und zugänglich hält, stellt diese Tätigkeit einen Dienst in einem Rahmen dar, der die Einzelexistenz umgreift und über sie hinausweist.

Einige ausgewählte Zitate mögen Eckpunkte dieses Rahmens zum Leuchten bringen, wobei die Nachtigall, die bei Grimmelshausen in wunderschöner Weise als „Trost der Nacht" apostrophiert wird, als eine Art Leit- und Lockvogel dient. Ob Vögel nun Musik „machen" oder einfach einem Naturzwang unterliegen, ist dabei völlig unerheblich. Denn wir sagen, dass Vögel „singen", weil wir *wollen*, dass unsere Musik aus der belebten Natur entspringe und deren Teil sei, und dass sie nicht nur auf der pythagoreischen Entdeckung von rationalen und abstrakten Zahlenproportionen beruhe.

Im 1. Jahrhundert nach Chr. hat Plinius d. Ä. seine äußerst umfangreiche *Naturalis historia* verfasst. Im Buch über die Vögel schreibt er, dass die Nachtigall der erstaunlichste unter allen Singvögeln sei: „Zuerst: so eine gewaltige Stimme in einem so kleinen Körper, und so ein ausdauernder Geist! Und dann: alles mit vollkommener musikalischer Kunst hervorgebracht!" Nach langsameren Passagen geht der Nachtigallengesang zu kurzen Noten über und durchläuft nacheinander „das höchste, das mittlere und das tiefste Register; mit einem Wort: In einem so winzigen Kehlchen steckt der ganze Melodienreichtum, den die menschliche Erfindungskraft mühsam entdeckt hat durch die Erfindung vieler Flöteninstrumente" (aus Buch 10, cap. 43). Die Kunst der Nachtigall entspringt aus der Natur selbst; „authentischer" geht es nicht.

Wie für Plinius, so ist auch für Martin Luther die Freiheit und Ungezwungenheit des Vogelsingens ein Kennzeichen natürlicher Musik; zugleich kündet gerade diese Freiheit von der wahren Kunst. In einem berühmten Zitat aus den „Tischreden", das meist nur verkürzt wiedergegeben wird, verbindet Luther unter dem Motto der Freiheit das Evangelium mit der Kunst von Josquin des Prez (ca. 1455–1521) und dem Gesang der Finken. Auf der anderen Seite aber steht das verordnete Gesetz, dem man nur unter Zwang (und vermutlich unter unmusikalischem Murren) folgt:

> Was Gesetz ist/ das gehet nit von statt/ noch freiwillig von der Hand/ sondern sperrt und wehret sich/ man thuts ungern und mit Unlust/ was aber Evangelium ist/ das gehet von statt mit Lust und allem Willen. Also hat Gott das Evangelium geprediget auch durch die Musicam wie man ins Josquini Gesang siehet/ das alle Composition fein frölich/ willig/ milde und lieblich herauß fleusset und gehet/ ist nicht gezwungen noch genötiget/ und an die Regeln stracks unnd schnurgleich gebunden/ wie des Fincken Gesang.

Die „Freiheit eines Christenmenschen" ist bei Luther natürlich nicht schrankenlos; aber klar ist, dass die Verordnungen und Erkenntnisse menschlicher Vernunft nicht alles sind und zumal in der Kunst nicht für „Offenbarungen" sorgen können.

Die gleichsam überschüssige Freiheit der Natur verweist den Christenmenschen auf Gott. Niemand hat das so vielfältig in Verse gebracht wie der Hamburger Dichter Barthold Heinrich Brockes (1680–1747) in seiner neunbändigen Sammlung mit dem Titel *Irdisches Vergnügen in Gott*. Brockes ist in der Musikwelt bekannt als Textdichter der vielfach – etwa von Keiser, Telemann, Mattheson, Fasch und Stölzel – vertonten „Brockes-Passion"; die Version Georg Friedrich Händels ist in Noten und CD im Carus-Verlag erschienen. In einem Gedicht „Gesang der Vögel" (5. Band des *Irdischen Vergnügens*, Hamburg 1736) lesen wir:

> Wenn wir die Vögel singen hören, | So laßt ihr Zwitschern uns doch lehren, |
> Wie groß, wie würdig zu verehren | So ihr als unser Schöpfer sey!

Und immer wieder hat der Vogelgesang auch Komponisten inspiriert. Im hier angedeuteten universalen Kontext verdient besonders die legendäre „Vogelpredigt" des Heiligen Franziskus von Assisi Erwähnung. Zwar sagt die Überlieferung nicht, dass Franziskus das Singen der Vögel besonders gewürdigt habe. Aber das bedeutet wohl nur, dass dies als selbstverständlich vorausgesetzt wurde. Man betrachte die erste der beiden Klavierlegenden von Franz Liszt (komponiert 1863) mit dem Titel *St. François d'Assise: La prédication aux oiseaux* – wie lange singt, trillert, tremoliert und zwitschert es hier, bis der Heilige zu Wort kommt! Man hat den Eindruck, dass der Sinn des Begriffs sich umkehrt: nicht Franziskus predigt den Vögeln, sondern die Vögel halten dem Franziskus eine Predigt!

Auch das 6. Bild von Olivier Messiaens Oper *Saint Françoise d'Assise* (1975–83) greift die Vogelpredigt auf, wobei Messiaens Interesse am Gesang der Vögel, das neben einer wissenschaftlichen gewiss auch eine spirituelle Dimension hatte, schon durch das umfangreiche Klavierwerk *Catalogue d'oiseaux* (1956–58) dokumentiert ist.

In diesem Lichte betrachtet zeigt schließlich die berühmte, von Beethoven selbst mit den Namen der Vögel bezeichnete Stelle aus der *Pastorale* (2. Satz: „Szene am Bach") ihre mehr als nur koloristische Dimension. In T. 129–136 bilden Nachtigall (Flöte), Wachtel (Oboe) und Kuckuck (Klarinette; mit großer Terz) ein Vogeltrio, das gewissermaßen als „Naturmusik" in die Menschenmusik eingefügt wird. Beethovens 6. Symphonie soll bekanntlich „mehr Ausdruck der Empfindung als Malerei" sein; die Vogelrufe sind ein Teil der menschlichen Welterfahrung, die sich ihrerseits im großen Ganzen aufgehoben weiß. Gibt es bei Beethoven einen ausgeglicheneren, friedlicheren, im Wortsinne harmonischeren Satz als die „Szene am Bach"?

Wolfgang Horn

Das sechste und letzte Buch der ungemein geistvollen Schrift *De musica* des Heiligen Augustinus trägt die Überschrift: „Gott ist der Ursprung und Ort der ewigen Zahlen". Der Schwabe freilich (ein Landsmann kann dies sagen) hat es immer gerne etwas konkreter und könnte diesem Satz im Anschluss an die kleine Blütenlese einen anderen, partiell handfesteren zur Seite stellen: „Gott ist der Ursprung und das Ziel der Musik, und die Vögel lassen uns dies hören". Wer sein Leben der Musik widmet, stellt es in einen übergreifenden Rahmen, wie immer man die Transzendenz fassen mag.

Wolfgang Horn, *1956 in Stuttgart. Musikwissenschaftler. Promotion 1986 in Tübingen. Seit den 1980er-Jahren eng mit Günter Graulich und dem Carus-Verlag verbunden, in dem 1987 auch die Dissertation *Die Dresdner Hofkirchenmusik 1720–1745* erschienen ist. Nach Stationen an der Hochschule für Musik und Theater Hannover und den Universitäten Tübingen und Erlangen seit 2002 Lehrstuhlinhaber für Musikwissenschaft an der Universität Regensburg.

* * *

Günter Graulich: der Chorleiter

J. S. Bach, *h-Moll-Messe* in der Kathedrale von Tlaxcala/Mexiko, 1977

Konzert in der Stuttgarter Matthäuskirche

Motettenchor Stuttgart, Vancouver/BC, Stanley Park, 1998

Dietmar Keller

Günter Graulich zum 90. Geburtstag

Um den Koloss Johann Sebastian Bach kann sich kein Kirchenchor herumschlängeln, ein Oboist ebenso wenig. Eine Zusammenarbeit ergibt sich fast zwangsläufig, wenn das Haupt der Freunde des Gesangs sachkundig, kollegial und umgänglich, mit Herzensgüte und -wärme ausgestattet ist. So entwickelte sich nebenbei eine jahrzehntelange Verbindung der kritischen Betrachtung, die Höhen erreichte, auch flache Stellen überwand und dabei keinen Schaden nahm – eine außergewöhnliche Konstellation.

Dieses musikalische Glück, besonders für Komponisten und Werke, welche vom breit getretenen Pfad des Chorgesanges und eines Instrumentalisten abwichen, bereitete mir Günter mit immer neuem Elan, eine Bereicherung neben dem Opern- und Konzertalltag, die ich nicht missen möchte, an die ich mich gerne mit stillem Vergnügen zurückerinnere, hab Dank dafür!

Dein Dietmar

Motettenchor Stuttgart, Dietmar Keller unten rechts. Keller war viele Jahre Solo-Oboist bei Konzerten des Motettenchors.

Dietmar Keller, *1939 in Bautzen. Studium im Hauptfach Oboe an der Spezial- und Hochschule für Musik Dresden. Bis 1962 Mitglied im Philharmonischen Orchester Freiburg/Brsg., danach 43 Jahre lang stellvertretender Solooboist und 1. Englischhornbläser im Württembergischen Staatsorchester Stuttgart. Zwischen 1969 und 1999 Mitglied des Bayreuther Festspielorchesters, u. a. zu Aufführungen der *Tristan*-Bühnenmusik unter Karl Böhm und Carlos Kleiber.

Matthias Kreuels

Zwischen Kunstmusik und Gebrauchsmusik – Zum Wert der Chorbücher in der kirchenmusikalischen Praxis

Die Editionsform Chorbuch nimmt im Sortiment mancher Musikverlage eine wichtige Position ein – auch im Carus-Verlag. Als Herausgeber des *Freiburger Chorbuch* (1994)[1] und als Mitverantwortlicher bei weiteren, ähnlichen Editionen möchte ich ein wenig über deren Wert nachdenken.[2] Zu einer umfassenden Reflexion ist hier nicht der Ort – doch einige Kernpunkte sollen im Rahmen dieser Festgabe für Günter Graulich Erwähnung finden.

Kirchenmusik – im Umbruch

Aktuell ist der kirchenmusikalische Alltag geprägt von Umbrüchen. Selbstverständliches früherer Zeiten ist zur Disposition gestellt. Lethargie und Klagen machen sich breit. Kirchenchöre werden immer älter, oft bleibt der Nachwuchs aus. Allerdings: Zur Umbruch-Zeit gehören auch Neuansätze! Not macht erfinderisch – dieses Sprichwort lebt manche/r Kirchenmusiker/in[3], zum Beispiel als Entwicklung neuer Ideen. Und er/sie fragt noch intensiver als früher, wie bestimmte Repertoirefelder liturgisch geschickt und zielgerichtet zu verwenden sind. Es geht um den liturgiemusikalischen Maßanzug, der nicht nur inhaltlich sinnvoll erscheint, sondern auch wegen der konkreten Aufführungsmöglichkeiten von Bedeutung ist. Man wird an frühere Zeiten erinnert – etwa bei Heinrich Schütz, dessen *Kleine Geistliche Konzerte*[4] Spiegelbild seiner kirchenmusikalischen Möglichkeiten waren. Auch die an den Rat der Stadt Leipzig gerichtete Denkschrift von Johann Sebastian Bach vom 23. August 1630 „Kurzer, jedoch höchst nötiger Entwurf einer wohlbestallten Kirchenmusik"[5] zeigte: So wollte Bach seine Arbeit gestaltet wissen! Die Realität sah anders aus. In manchen seiner Werke finden wir Spuren, wie er trotzdem aus der Situation das Beste macht.

Kunstmusik und Gebrauchsmusik – zwei Schlagworte

Das Beispiel Bach zeigt auch mehr als das Beispiel Schütz[6], wie eng bereits damals zwei Aspekte heutiger Diskussionen beieinanderliegen. Auf der einen Seite die dem Künstlerischen verpflichtete Musik, die scheinbar keine Einschränkungen erfährt. Auf der anderen Seite eine Musik, die angeblich nur unter dem Diktat des Faktischen steht und daher künstlerisch kleine Brötchen backen muss. Kunstmusik ist möglich, wenn die Rahmenverhältnisse es erlauben, und defizitäre Rahmenbedingungen bedingen Gebrauchsmusik. Solche Schwarz-weiß-Gleichungen müssen hinterfragt werden, denn damals wie heute entsprechen sie nicht der Realität, sie erfassen auch nicht das Gesamt der hier relevanten Perspektiven. In die eine Richtung gefragt: Ist Kunstmusik, im Blick aufs Ganze, wirklich in reiner Form möglich – oder müssen nicht Einflüsse von außen stets mitgedacht werden? In die andere Richtung geblickt: Ist Gebrauchsmusik,

---

[1] *Freiburger Chorbuch* (I), hrsg. v. Amt für Kirchenmusik der Erzdiözese Freiburg in Zusammenarbeit mit dem Allgemeinen Cäcilienverband für Deutschland und dem Diözesan-Cäcilienverband der Erzdiözese Freiburg, Stuttgart 1994 (Carus 2.075).
[2] Unter Chorbuch wird im Rahmen dieses Beitrags nur die in jüngerer Zeit gebräuchliche Form verstanden.
[3] Im Folgenden meint Kirchenmusiker immer auch Kirchenmusikerin.
[4] Teil I, 24 Konzerte, Leipzig 1636 (SWV 282–305); Teil II, 31 Konzerte, Dresden 1639 (SWV 306–337).
[5] Christoph Wolff, *Johann Sebastian Bach*, Frankfurt/M. 2005 (Neuausgabe), S. 280 und 283ff.; *Bach-Dokumente*, hrsg. v. Bach-Archiv Leipzig, Bd. I, Leipzig 1963, Nr. 22.
[6] Die Gegebenheiten zwischen Schütz und Bach sind oft nicht zu vergleichen, obwohl bei den Lebensumständen und deren kompositorischen Auswirkungen gewisse Parallelen bestehen. Terminologisch waren Kunstmusik bzw. Gebrauchsmusik weder Schütz noch Bach geläufig.

abgesehen vom Zerrbild kommerzieller Massenproduktion,[7] tatsächlich nur als Diktat von Fakten denkbar – oder nicht auch als bewusste Gestaltung anhand dieser Fakten? Gerade die Kirchenmusik kennt zur Genüge die fließenden Übergänge zwischen Kunst-Möglichkeiten und Praxis-Anforderungen und entzieht sich dem Schwarz-Weiß-Denken. Kirchenmusik hat oft genug bewiesen, dass gerade im Mix der genannten Fronten künstlerisch wertvolle und praxisgerechte Ergebnisse entstanden sind – und damit auch weiterhin entstehen können.

Chorbücher – eine wichtige Praxishilfe

Kirchenchöre und andere singende Gruppen (Schola, Jugendchor, Kinderchor, Seniorenchor u. a. m.) nehmen in der Arbeit der Gemeinden einen wichtigen Platz ein – sofern das Umfeld diese Arbeit schätzt und fördert.

Die zentralen Fragen der musikalisch Verantwortlichen sind:

– Wann singen wir?

Hier geht es um den Anlass, um das Kirchenjahr und um dessen Prägungen. Es geht außerdem um die Mitwirkenden (wer steht mir zur Verfügung?) und um den Ort der Chormusik (in welcher unserer Kirchen singen wir?).

– Was singen wir?

Hier geht es mehr um die musikalischen Aspekte, um die anwesende Gemeinde als Hörer (gegebenenfalls auch zum Singen Einbezogene) und um die Chorgruppe(n) als Musizierende; bei Letzteren ist ein Gleichgewicht zwischen vorhandenem Repertoire und Repertoire-Neuheiten vorrangig.

An diesem Punkt setzen die Chorbücher an. Obwohl es einen Verlag auch zu interessieren hat, ob für seine Editionen ein Markt besteht, stand bei den Chorbüchern zunächst anderes im Vordergrund:

a) An der Basis entstand ein Repertoire, das Chorgruppen motivierte und das sich oft als Geheimtipp herumsprach („Kirchenmusiker mit Ideen") – beginnend bei Einrichtungen für bestimmte Anlässe bis hin zu Kombinationen (z. B. Gemeindelied „x" mit Chor-Rahmenvers aus der Motette „y").

b) Parallel dazu erkannte die Kirchenmusik allgemein, dass eingefahrenes Repertoire erweitert werden muss. Institutionen und Verbände ebneten den Weg für neue Editionen.

c) Auch bei den Chören selbst kam es zum Umdenken. War bisher ohne eine Messe oder Kantate kein Gottesdienst denkbar, so kam nun der Wunsch auf nach Alternativen, mit denen sich Gottesdienste ebenfalls schön und angemessen gestalten lassen.

---

[7] Die expandierende Medienlandschaft der letzten Jahrzehnte zeigt, wie musikalische Massenprodukte (z. B. Kaufhaus-Beschallung) ein derart *eigengeprägter* Bereich wurden, dass der Terminus Gebrauchsmusik in dessen üblicher Bedeutung weiter zu differenzieren ist.

Martin Dücker, Armin Kircher (†), Matthias Kreuels (von links)

d) Aus den Punkten a–c heraus konnte ein Verlag den Markt-Aspekt positiv bewerten.

Chorbücher griffen also einen Allgemeintrend der Kirchenmusik auf. In der Regel gingen die Herausgeber folgenden Weg:

Thema benennen – z. B. „Advent"
Qualität definieren – In welchem Segment suchen wir? Wo liegen unsere Schwerpunkte, unsere Grenzen?
Sichtung des Materials – Was gibt es, gegebenenfalls auch Neues oder Vergessenes?
Auswahl treffen – Was hat sich bewährt? Was wäre ein Impuls, eine neue Idee, ein neuer Kontext?
Struktur festlegen – Welchen Aufbau erhält das Buch?
Aufbereitung leisten – Welche Werke erfordern Hinweise?
Erschließungen anbieten – Welche Verzeichnisse sind hilfreich?

Das Ergebnis solcher Bemühungen lässt sich heute in zahlreichen Editionen studieren, etwa beim *Freiburger Chorbuch*[8]:

Es hat seinen Weg zu den Chören gefunden,
weil man unter seinem thematisch allgemeinen Dach Werke für alle liturgischen Anlässe findet;
weil das Buch zahlreiche Originalkompositionen[9] bringt;
weil unbekannte Werke[10] hier bekannt wurden;
weil auch umfangreichere Themenfelder[11] mit Weitblick erschlossen sind.

---

8 Siehe Anm. 1
9 Beispiel: *Freiburger Chorbuch* I, 1994, Nr. 85 „Magnificat"/Alan Wilson
10 Beispiel: ebd., Nr. 17 „Ave verum"/Edward Elgar
11 Beispiel: ebd., Nr. 98 „Psalmtöne I–IX"

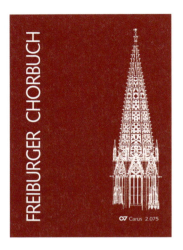

Es war eine verlegerisch historische Situation, als Günter Graulich das Manuskript zum *Freiburger Chorbuch* erhielt. Er studierte die Inhalte sorgfältig und wertete sie aus. In seiner ihm eigenen Weitsicht stand für ihn schon bald fest, dieses Projekt realisieren zu wollen. Als dann die grundsätzliche Entscheidung der Herausgeberseite für seinen Verlag gefallen war, trat Günter Graulich in einen engen Austausch mit den Freiburger Verantwortlichen, insbesondere mit dem Verfasser dieser Zeilen. Die bei der Umsetzung unvermeidlichen Hürden wurden gemeinsam und in gegenseitiger Wertschätzung überwunden. Auch mehr als 20 Jahre nach dieser intensiven Zeit der Zusammenarbeit denken alle Beteiligten dankbar an dieses Projekt zurück.

Chorbücher erfüllen eine ureigene Aufgabe – als Brücke: Sie vermitteln zwischen Gegensätzen. Auf der einen Seite werden einseitige Repertoire-Ansprüche in der Praxis zum Bremsklotz, wenn man ihnen zu sehr Raum gibt. Auf der anderen Seite entwickeln sich Repertoire-Innovationen zum Motor kirchenmusikalischer Entwicklung, wenn sie über qualitativ integre und praxisgerechte Editionen den Chören zur Verfügung stehen. Nun kommt es auf die kirchenmusikalisch Engagierten an, die hier gebotenen Chancen zu nutzen!

Matthias Kreuels, *1952 Neuss/Rhein; 1987–2000 Diözesankirchenmusikdirektor in Freiburg; 2000–2007 (bis zu deren Schließung) Rektor der Kath. Hochschule für Kirchenmusik St. Gregorius Aachen; anschließend, bis zum Ruhestand (seit 2015), Kirchenmusikreferent im Dt. Liturgischen Institut Trier.

Jon Laukvik

Der Praktiker als Herausgeber

Es war Werner Jacob, der mich eines Tages in der zweiten Hälfte der 1980er-Jahre (wann es genau war, weiß ich nicht mehr) in die Gebelsbergstraße 34B mitnahm, damit ich Waltraud und Günter Graulich kennenlerne. Werner Jacob, der mich 1980 nach Stuttgart an die Musikhochschule geholt hatte in seiner Eigenschaft als Professor für Orgel und Leiter der Orgel- und Kirchenmusikabteilung, hegte den Plan, eine praktische Ausgabe der Orgelkonzerte von Händel beim Carus-Verlag herauszugeben und wollte mit mir zusammen diese Edition betreuen. Günter Graulich war verständlicherweise etwas skeptisch angesichts eines sehr jungen Professors und seines Mentors, die als Herausgeber kaum Erfahrung hatten.

Es war also mutig von ihm, dieses Projekt anzunehmen, und es war eine Feuertaufe für einen unerfahrenen Herausgeber wie mich! Denn die Manuskripte Händels sind recht chaotisch, teilweise sehr schwer zu lesen. Neben der Auswertung der überlieferten Quellen gab es viel zu ergänzen (die Ad-libitum-Stellen und die fehlenden Sätze). Während es recht einfach war, in den Cembalo-Suiten bzw. -Fugen geeignete Ergänzungssätze zu finden, war das Auskomponieren der Ad-libitum-Stellen eine größere Herausforderung. Mit Ausgangspunkt in den von Händel selbst komponierten Passagen in den Concerti ließ sich dies aber mit viel Geduld und mit Fantasie bewerkstelligen. Das Komponieren im Händel-Stil hat den beiden Herausgebern große Freude gemacht! Günter Graulich hat uns mit ruhiger Hand und unendlicher Geduld durch den Prozess begleitet. 1990 erschienen zwei Bände, einer mit den *Concerti* op. 7 und einer mit den vier *Concerti* ohne Opus-Nummer. Prof. Siegfried Petrenz gab uns damals wichtige Anregungen für die Generalbassaussetzung.

Großen Mut bewies Günter Graulich auch, als er entschied, meine *Orgelschule zur historischen Aufführungspraxis* zu publizieren. Ich hatte Ende der 1980er-Jahre angefangen, diese zu schreiben. Inzwischen besteht diese Schule aus drei Bänden, die in der Orgelwelt eine gewisse Rolle spielen. Während ich Band 1 geschrieben habe, um mein Wissen an die Interessierten weiter zu geben, habe ich Band 2 („Die Romantik") in dem Versuch verfasst, selbst auf den Grund der Aufführungspraxis jener Epoche zu kommen. Band 3, „Die Moderne", habe ich dann verschiedenen Autoren, die sich entsprechend auskennen, überlassen – diese Materie ist nicht „mein Tisch".

Auch hier hat Günter Graulich liebevoll und kenntnisreich die verlagstechnische Führung übernommen. Dies war vor allem bei Band I eine vielschichtige Aufgabe, weil damals noch mit Folien gearbeitet wurde und die Notenbeispiele eingeklebt werden mussten.

Im Jahr 1989 hat mich Günter Graulich gebeten, einen Band mit sämtlichen Orgelstücken von Friedrich Silcher herauszugeben. Dieses schmale Heft ist 1990 erschienen, im 200. Geburtsjahr Silchers.

Die große Aufgabe, sämtliche Orgelwerke von Louis Vierne herauszugeben, war Günter Graulichs Idee: 13 Bände, die 2008 erschienen sind! Ohne die Hilfe von David Sanger, ohne seinen klaren Blick, scharfen Verstand und große Erfahrung wäre diese Edition nie zustande gekommen. Wie bei Händel war auch bei Vierne das Studium der Quellen von dessen eigener Hand eine große Herausforderung, war doch Vierne zeitlebens beinahe blind und somit das Notenbild meist schwer zu entziffern. (David Sanger hat im Übrigen die englische Fassung des zweiten Bands der Orgelschule sprachlich sehr genau geprüft – welch ein Glück!)

Ergänzend zu den 13 Orgelbänden wollte Günter Graulich auch die Stücke Viernes für Singstimme(n) und Orgel(n) publizieren. Ich habe daraufhin die zwei Bände mit Viernes *Messe solennelle* op. 16 (2010 erschienen) bzw. den kleineren Stücken für Singstimme(n) und Orgel (2013 erschienen) betreut.

Sogar eine kleine Komposition von mir durfte bei Carus erscheinen: eine Intonation zum Choral „Der du bist drei in Einigkeit" (im *Esslinger Orgelbuch*, Band I).

Ich habe immer die großartige verlegerische Intuition, die weitgefächerte Erfahrung und die klare Weitsicht von Günter Graulich bewundert. Die zahlreichen Besuche in der Gebelsbergstraße bei Günter und seiner Frau Waltraud in den zurückliegenden 30 Jahren waren für mich immer erfrischende und inspirierende Momente des künstlerischen Austauschs und der schöpferischen Ideen wie auch der Ruhe und der Heiterkeit, so wie es zwischen guten Freunden, die sich der Kunst verpflichtet fühlen, sein soll.

Lieber Günter, ganz herzlichen Dank!

Marja von Bargen, Ehepaar Graulich und Jon Laukvik bei der Präsentation
von Bd. 3 der *Orgelschule zur historischen Aufführungspraxis*, Stuttgart, 2015

Jon Laukvik wurde in Oslo geboren und erhielt seine Ausbildung (Kirchenmusik, Orgel und Klavier) zunächst in seiner Heimatstadt und später in Köln (bei Michael Schneider und Hugo Ruf) sowie in Paris (bei Marie-Claire Alain). Von 1980 bis 2016 war Jon Laukvik Professor an der Staatlichen Hochschule für Musik und Darstellende Kunst in Stuttgart. Seit 2001 unterrichtet er an der Staatlichen Musikhochschule (Norges musikkhøgskole) in Oslo. Seine Konzerttätigkeit als Organist und Cembalist führte ihn in europäische Länder, nach Israel, Japan, Kanada, Korea und in die USA. Er ist Juror zahlreicher internationaler Orgelwettbewerbe.

Ulrich Leisinger

Eile und Weile

Zu Editionen von Werken der Bach-Familie

Kurioserweise hat jede der Editionen, die ich in den letzten 20 Jahren auf Einladung von Günter Graulich für den Carus-Verlag gemacht habe, ihre eigene Geschichte, denn nur ein kleiner Teil davon ist in aller Ruhe am häuslichen Schreibtisch entstanden. Viele Notenausgaben haben wenigstens eine Urlaubs- oder Bibliotheksreise mitgemacht, meist wenn es sich um den Abgleich des gesetzten Notentextes in erster oder zweiter Korrektur gegen die Hauptquelle handelte.

Die Revision der Kantate *Du wahrer Gott und Davids Sohn* (CV 31.023), eines der ersten Projekte, das ich als zeitweiliger Editionsleiter für das ambitionierte Projekt der Bach-Kantaten im Rahmen der *Stuttgarter Bach-Ausgaben* übernommen hatte, ist weitgehend in einem dunklen Hotelzimmer in Krakau entstanden, die Rohfassung des Klavierauszugs zum *Flötenkonzert* D-Dur von Johann Christian Bach Warb C 79 (CV 38.404) hingegen auf einer sonnigen Terrasse am Pilion in Griechenland. Manches Werk hat aufgrund seines Umfangs und seiner Komplexität im Laufe der Jahre mehr als eine Reise mitgemacht – ich denke hier vor allem an die *h-Moll-Messe* von Johann Sebastian Bach, die zu den langwierigsten, zugleich aber auch beglückendsten meiner Editionsprojekte gehört, wie die überaus freundliche Aufnahme der Hybridedition (Noten mit beiliegender Quellen-CD-ROM) seit ihrer öffentlichen Präsentation bei der Musikmesse in Frankfurt und der Buchmesse in Leipzig im Frühjahr 2014 zeigt. An dieser Edition zeigen sich der verlegerische Weitblick und die Aufgeschlossenheit Günter Graulichs besonders deutlich, denn was um die Jahrtausendwende als eine ganz konventionelle Edition geplant war, hat in der Hybridedition auf seine Initiative hin technisches und methodisches Neuland beschritten. Die Ausgabe, die in Kooperation mit der Staatsbibliothek zu Berlin – Preußischer Kulturbesitz und der Sächsischen Landesbibliothek – Staats- und Universitätsbibliothek Dresden entstanden ist und für die beide Bibliotheken bereitwillig ihre Quellen zur digitalen Präsentation in Edirom zur Verfügung gestellt haben, widerlegt viele Vorurteile – insbesondere auch die gegenüber dem „Konsumenten", der sich, anders als man ihm gerne nachsagt, auch mit den Quellen und ihrer Problematik auseinandersetzt, wenn man ihm nur einen anschaulichen Zugang dazu gewährt.

Uwe Wolf, Ulrich Leisinger, Johannes und Günter Graulich bei einer Präsentation der Hybrid-Edition der *h-moll Messe* von J. S. Bach, Stuttgart, 2014

Die Erfahrung lehrt, dass auch kleinere Editionen schleppender vorangehen, als es allen Beteiligten – Verleger, Lektorenteam, Herausgeber – recht sein kann. So sei dieser Grunderfahrung zum Trotz eine Edition in Erinnerung gerufen, die kaum rascher hätte realisiert werden können, nämlich die Ausgabe des *Concerto per il Cembalo in D* Wq 18 von Carl Philipp Emanuel Bach (CV 33.301). Bei der Festlegung des Pflichtprogramms für den XII. Internationalen Johann-Sebastian-Bach-Wettbewerb in Leipzig 2000 beabsichtigte die damalige Vorsitzende für das Fach Cembalo, Christine Schornsheim, nach Konsultation mit dem Direktor des Bach-Archivs Leipzig, Hans-Joachim Schulze, in der Schlussrunde jeweils ein Cembalokonzert der beiden ältesten Bach-Söhne Wilhelm Friedemann und Carl Philipp Emanuel als Pflichtstück zur Auswahl zu stellen. Die Wahl fiel auf das D-Dur-Konzert Fk 41 und auf das D-Dur-Konzert Wq 18. Das Programm stand – nicht aber die Edition, denn keines der beiden Werke lag damals in Neuausgaben vor. Günter Graulich sprang in die Bresche und bot an, die beiden Konzerte in das Verlagsprogramm des Carus-Verlags aufzunehmen, wo sie – herausgegeben von Peter Wollny beziehungsweise von mir – in Verbindung mit dem Forschungsprojekt Bach-Repertorium an der Sächsischen Akademie der Wissenschaften zu Leipzig erscheinen sollten.

Unter den ungedruckten Konzerten Carl Philipp Emanuel Bachs nimmt das *Concerto in D* Wq 18 insofern eine Sonderstellung ein, als der Befund des Autographs erkennen lässt, dass auch dieses Konzert – neben Wq 11, 14 und 25 – für den Druck bestimmt war. Das Werk gehört damit zu jenen Kompositionen, die Bach selbst als exemplarisch ansah und die nach seiner Überzeugung über den stets kleinen Kreis von Kennern hinaus Beifall finden mussten. Von unschätzbarem Vorteil erwies sich, dass der Komponist das Autograph für die geplante Drucklegung penibel mit Vortragsbezeichnungen und einer Bezifferung versehen und auf der letzten Seite noch eine präzise Anweisung an den Drucker notiert hatte. Obwohl es zu Lebzeiten des Komponisten nicht zu einer von Bach autorisierten Veröffentlichung gekommen ist, gehört das Stück zu den Solokonzerten, die besonders weite Verbreitung gefunden haben. Da der Originalstimmensatz verschollen ist, mussten für die Edition außer der autographen Partitur immerhin fünf weitere Quellen herangezogen werden. Da nicht alle davon im Herbst 1999 in Kopie zur Verfügung standen, wurden kurzerhand Bibliotheksreisen nach Berlin und Brüssel angesetzt, um die direkt nach dem Autograph gesetzte Partitur anhand der originalen Quellen Korrektur zu lesen. All dies geschah unter beträchtlichem Zeitdruck: Zwischen dem Einreichen der annotierten Stichvorlage bis zur Freigabe der Edition nach drei Korrekturdurchgängen lagen (meiner Erinnerung nach) gerade einmal sechs Wochen – Herstellungszeiten wie im 18. Jahrhundert! Dennoch weist mein Handexemplar nur zwei nachträgliche Korrekturvermerke auf: ein (ärgerliches) Oktavversehen in der Cembalo-Stimme (Satz 1, T. 197) und ein fehlender Haltebogen im 3. Satz, T. 124–125, in der zweiten Violine.

Beim Bach-Wettbewerb im Sommer 2000 haben dann tatsächlich die Hälfte der Finalisten dieses Konzert gespielt. Ich selbst habe es bei dieser Gelegenheit zum allerersten Mal gehört. Nur in einer Sache ließ Günter Graulich nicht mit sich reden: Die Aussetzung des Generalbasses überließ er nicht dem Herausgeber, sondern übergab sie seinem alten Mitstreiter Paul Horn. Nun ja, es sei ihm zugestanden. Denn auf diese Weise wurde der Generalbass nicht nur schneller, sondern wahrscheinlich auch richtiger erstellt, als ich es selbst vermocht hätte.

Der Mozart- und Bach-Forscher **Ulrich Leisinger**, *1964, ist dem Carus-Verlag seit Mitte der 1990er-Jahre durch viele Editionsprojekte, vor allem im Bereich der Bach-Familie, und als wissenschaftlicher Berater verbunden. Nach seiner Promotion in Heidelberg und einem zweijährigen Amerikaaufenthalt war er ab 1993 wissenschaftlicher Mitarbeiter am Bach-Archiv Leipzig und leitet seit 2005 den wissenschaftlichen Bereich der Internationalen Stiftung Mozarteum in Salzburg.

Richard Mailänder

Günter Graulich – Der Schätzefinder der Chormusik aus Stuttgart

Man stelle sich die Situation vor: Mit der Einführung der Allgemeinen Schulpflicht Ende des 18. Jahrhunderts wird eine Berufskombination geboren, die bis zum Ende der ersten Hälfte des 20. Jahrhunderts Bestand hat: der Lehrer in Verbindung mit kirchenmusikalischer Tätigkeit, entweder als Organist und/oder Chorleiter. Ja, bis in die 1950er Jahre musste z. B. in Nordrhein-Westfalen noch jeder Volksschullehrer (so hieß das damals für die Klassen 1 bis 8) ein Melodie- oder ein Tasteninstrument spielen können und mit Kindern singen.

Die Nachkriegs-Musikpädagogik hat sich dann insbesondere in den 60er- und 70er-Jahren aus den unterschiedlichsten Gründen, vor allen Dingen politisch motiviert, vom Singen zurückgezogen: Zu sehr hatte man in Erinnerung, wie insbesondere im Dritten Reich Menschen durch und mit Singen manipuliert wurden. In der Musikpädagogik traten nun die Analyse der Musik in den Vordergrund und das Instrumentalspiel. Ab den 1970er- und 80er-Jahren war es fast schon ein Wunder, wenn in einer Grundschule mit Kindern gesungen wurde. Gleiches setzte sich auch in der Ausbildung von Gymnasiallehrern durch, so dass selbst im Musikunterricht an Gymnasien das Singen nicht mehr üblich war. Man kann diese Entwicklung wunderbar ablesen an den Publikationen etablierter Musikverlage, die in den 50er- und 60er-Jahren noch viel Chormusik publiziert haben, deren Neuveröffentlichungen dann aber drastisch zurückgingen, so dass in manchen renommierten Verlagen hauptsächlich nur noch die Werke zur Verfügung gestellt wurden, die zum damaligen (und zum Teil auch heutigen) Kernrepertoire von Chören gehören wie einige Oratorien Händels, Bachs große Chorwerke oder natürlich Mozarts Requiem und die beiden Mendelssohn-Oratorien. Auch im Musikalienhandel findet man bis heute in den entsprechenden Geschäften diese Werke sicherlich immer vor, während für den kirchenmusikalischen Alltag immer weniger publiziert wurde und auch in den Musikalienhandlungen zu finden war – und bis heute leider ist.

Auf dem Höhepunkt dieser Entwicklung beginnt nun ein damals noch junger Gymnasiallehrer zunächst für einen anderen Verlag zu arbeiten, nachdem dieser aber nun eines seiner Werke (aus dem Barock) nicht mehr übernehmen wollte, einen eigenen Verlag zu gründen mit dem Schwerpunkt Chormusik. Zum damaligen Zeitpunkt sicherlich ein hochriskantes Unternehmen, was Günter Graulich – so hieß der Gymnasiallehrer – sicherlich auch wusste, sonst hätte er nicht seinen Beruf als Lehrer bis zur Pensionsgrenze fortgeführt und erst dann den von ihm gegründeten Carus-Verlag hauptberuflich ausgebaut. Und diesen Verlag baute er mit großem Erfolg auf.

Wie konnte ihm das gegen den Trend gelingen? Wie konnte er es erreichen, dass der Carus-Verlag, der zunächst sehr klein erschien und auch war, eine Chance hatte gegen große arrivierte Verlage wie Bärenreiter, Peters, Breitkopf & Härtel?

Dazu reicht nicht allein Mut, dazu reicht auch kein Fleiß. Beides ist notwendig und beides zeichnet Günter Graulich zweifellos aus. Es gehört eine andere Gabe dazu, die man kaum erlernen kann, die bei ihm aber in überreichem Maße offensichtlich vorhanden ist: Ganz offensichtlich hat er einen extremen Sinn, man könnte auch sagen „Riecher" für ungehobene Schätze einerseits, andererseits aber auch für praktische

Anforderungen. Das eine geht nicht ohne das andere, um erfolgreich zu sein. So hat er sehr früh auf die Alte-Musikbewegung reagiert und sehr viele barocke Werke veröffentlicht. Andererseits hat er auch früh genug den wiedergewonnenen Zugang zur Romantik entdeckt und auch hier Wegweisendes veröffentlicht.

Denken wir nur an Zelenka (wer kannte den in den 1980er Jahren?), Vivaldi, Rheinberger, früh genug aber auch die ganz Großen wie Bach, Schütz, Beethoven etc. Wer hätte gedacht, dass Carus auch für die Großen noch wichtig werden könnte?

Und ein Weiteres ist zu erwähnen, das man spätestens dann bemerkt, wenn man mit ihm zusammen arbeitet: Er ist ein sorgfältiger Leser, der den Inhalt dessen, was publiziert wird, gründlichst studiert, aber er ist gleichzeitig auch ein herausragender Mann für die Ästhetik einer Publikation. Alle Carus-Ausgaben zeichnen sich durch ausgesprochen gute Lesbarkeit und Übersichtlichkeit des Notentextes aus. Und auch hier lugt der Praktiker durch die Partitur, wenn es um Wendestellen geht, die, wenn eben möglich, immer optimal eingerichtet sind.

Aber es schaut auch der Schwabe um die Ecke, der sich freut, wenn er durch kluge Optimierung des Notentextes Platz sparen kann. Ja, auch das Sparen gehört zu Günter Graulich, was aber nicht Selbstzweck ist, sondern was an den Verbraucher weitergegeben wird. Viele Carus-Ausgaben zeichnen sich bis heute dadurch aus, dass sie günstiger sind als Vergleichsprodukte. Durch diese seltene Kombination von Gaben konnte er sich einen großen Markt erobern und ist damit zu einer der großen Gründergestalten des deutschen Musikverlagswesens geworden. Dazu zählte aber auch immer seine große menschliche Wärme und Authentizität, die sich selbst (und wohl auch seine Familie) nicht mit Arbeit verschonte.

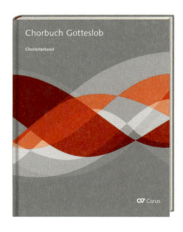

Nun komme ich zu meiner eigenen Tätigkeit im Rahmen der Kirche, und ich kann an dieser Stelle jetzt nur für die katholische Kirche sprechen: Zu einem Zeitpunkt der Neuorientierung der Kirchenmusik nach dem Zweiten Vatikanischen Konzil gab es viele Überlegungen, viele Versuche von Verlagen, neue Kirchenmusik anzubieten, vor allem neu geschriebene, wenig alte Musik. In diese Lücke hinein kamen seine Editionen, die kritischen Anforderungen von modernen Werkausgaben durchaus entsprachen und bis heute entsprechen, auch wenn es im Wesentlichen praktische Werkausgaben sind. Damit hat es angefangen, dass in katholischen Gemeinden begonnen wurde, aus dem Hause Carus Noten zu kaufen. Der aus meiner Sicht dann ganz große Durchbruch kam mit dem *Freiburger Chorbuch*, das sicherlich ein Coup war und sich in der ganzen katholischen Kirchenmusikszene sehr schnell verbreitet hat, und daraus folgende Chorbücher zu ganz unterschiedlichen Themen. In dem Kontext habe ich Günter Graulich dann auch persönlich kennen und schätzen gelernt, wie er einerseits immer nach den Notwendigkeiten fragte, was in der Liturgie gebraucht wird, andererseits aber auch einen hohen Qualitätsanspruch hatte an das, was publiziert werden sollte und könnte. Somit hat er nicht nur einen wichtigen und großen Musikverlag gegründet, sondern kirchenmusikalische Praxis zumindest im katholischen Bereich, und, soweit ich es sehe, kann ich das doch auch für den evangelischen Bereich sagen, deutlich verändert, Möglichkeiten erweitert und beeinflusst.

Damit dürfte er in der deutschen Kirchenmusikszene als wichtiger Gründer eines großen Musikverlages einerseits und als Veränderer und Entwickler von neuer Musik in der Kirche andererseits relativ singulär – und in der Wirkung einmalig sein.

Wir können unserem Schöpfer nur dankbar sein, dass er uns Günter Graulich geschenkt hat.

Richard Mailänder, *1958 in Neunkirchen/Siegkreis. Studium der Kirchenmusik, Musikwissenschaft und Geschichte in Köln. Seit 1987 Diözesan-Referent für Kirchenmusik im Erzbistum Köln, 1986 Gründung des figuralchor köln. 1993–2002 Vorsitzender der Arbeitsgemeinschaft der Ämter/Referate für Kirchenmusik der Diözesen Deutschlands. Zahlreiche Beiträge in Zeitschriften und Büchern zu Fragen der Kirchenmusik, (Mit-)Herausgeber erfolgreicher thematischer Werke. Nach Lehrauftrag an der Robert-Schumann-Hochschule in Düsseldorf seit 2000 Unterricht an der Hochschule für Musik und Tanz in Köln. 2006 Ernennung zum Erzdiözesankirchenmusikdirektor. 2014 Honorarprofessor an der Musikhochschule Köln.

Richard Mailänder und Günter Graulich

Frank R. Max

Seezunge oder Kirchenmusik? – Ein klarer Fall für GG

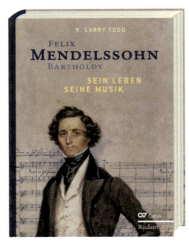

Gemeinsames Projekt Carus-Reclam: Mendelssohn-Biografie von R. L. Todd

Am Anfang war der Sohn, Johannes – was natürlich nur in der zeitlichen Kennenlernfolge einen Sinn ergibt, denn ansonsten, wie es der Natur entspricht, war am Anfang des Verlags der Vater, Günter Graulich, mit seiner Frau Waltraud. 2008 kam es zu ersten Gesprächen, die noch nicht unbedingt erahnen ließen, dass aus ihnen eine langjährige und erfolgreiche Kooperation zwischen Carus und Reclam bei dem ambitionierten Liederprojekt – und darüber hinaus – entstehen sollte.

Ein Musikverlag und ein literarisch-philosophisch orientierter Klassikerverlag agieren naturgemäß in sehr verschiedenen Marktsegmenten, die inhaltlichen Überschneidungen sind gering, entsprechend verschieden auch die Zielgruppen und die vertriebliche Organisation. Bei einer Einladung in das schöne, helle und noch sehr neue Carus-Verlagsdomizil in Stetten begegnete ich Günter Graulich zum ersten Mal. Dass dieser muntere, angenehm rundliche und unübersehbar engagierte Mann da schon gut 80 Jahre zählte, habe ich erst hinterher realisiert, bass erstaunt, was ich tatsächlich noch immer bei jeder weiteren Begegnung war und bin. Auffällig war übrigens die Frugalität der Bewirtung, ein deutliches Zeichen, dass hier nicht gemütlicher Smalltalk angesagt war, sondern Konzentration auf die Sache (die Feierfreudigkeit des Hauses Carus hat sich dann mühelos bei vielen späteren Gelegenheiten als splendid und generös geoutet). Es ging uns um eine konzeptionelle Annäherung der jeweiligen Vorstellungen für das Liederprojekt, das 2009 mit den überaus erfolgreichen *Wiegenliedern* startete. Wenn bei den einzelnen Büchern des Projekts jeweils mit Text, Musik und Illustrationen drei Künste unter einen passenden Hut zu bringen waren, so erfordert das schon eine Menge Vorüberlegungen, Abstimmungen, Gespräche, auch, wenn man so will, vertrauensbildende Maßnahmen, denn die gemeinsamen Investitionen sind, in Bankersprache, keine Peanuts.

Zwei Begegnungen sind mir in besonders lebhafter Erinnerung: In dieser Frühphase des Projekts sah ich mich einmal genötigt, einen offenen und ausführlich das eine oder andere Bauchgrimmen an den Plänen darlegenden Brief an Johannes Graulich zu schreiben, der naheliegenderweise auch in die Hände seines Vaters kam. Und mitten im Getümmel des glanzvollen Abends, an dem die gerade erschienenen *Wiegenlieder* im Stuttgarter Opernhaus präsentiert wurden, stellte Günter Graulich fest, dies sei nun aber kein „Geschäftsbrief" gewesen. Ich weiß wohl, dass er den so wenig buchhalterischen Ton und Inhalt des Schreibens meinte. Ich weiß aber auch, dass so eine komplizierte Kooperation nicht allein auf jeweils eigensüchtig-merkantilen Füßen bei den Partnern stehen kann. Und denke auch, dass Günter Graulich das ebenso gesehen und empfunden hat.

Eine völlig andere Szene und Szenerie: Regen und Wind fegten über die Eiderstädter Halbinsel, ein Wetter, wie es Nordsee-Urlauber kennen und in Kauf nehmen. Die Kleidung oder Verkleidung ist dann alles andere als "geschäftsmäßig", Kappen und Kapuzen gehören zur Abwehr der Wetterunbilden. Und so begegneten sich, weit und breit allein unterwegs, zwei Paare auf einem Fuß- und Radweg am Rand von St. Peter-Ording, Günter und Waltraud Graulich per Pedes, meine Frau und ich auf Rädern, und wir brauchten zwei Momente, ehe wir uns an diesem, den Geschäften fernen Ort und in unseren wetterbedingten Vermummungen erkannt hatten. Für Günter Graulich, den Kirchenmusiker mit Leib und Seele, charakterisierend war der weitere Verlauf: ein verabredetes gemeinsames Abendessen fiel dann doch einer Kirchenmusik-Veranstaltung in der Tatinger St. Magnus-Kirche zum Opfer – kennzeichnend für die Prioritäten in Günter Graulichs Leben.

Frank R. Max war von 1998 bis 2015 Geschäftsführer des Reclam Verlags und hat als solcher die Kooperation mit Carus bei dem erwähnten Liederprojekt mitverantwortet.

Barbara Mohn

Vision und Verdienst – Die 50 blauen Bände der Rheinberger-Gesamtausgabe

Am Anfang stand das *Abendlied*, eine kleine Motette, die Josef Gabriel Rheinberger 1855 kurz vor seinem 16. Geburtstag komponiert und erst 18 Jahre später an den Verlag Simrock verkauft hatte – zu einem übrigens nur sehr mäßigen Honorar, denn, so schrieb der Verleger damals: „Unsere Zeit im Ganzen ist den geistlichen Sachen nicht mehr sehr hold". Nach 1900 war die Musikwelt Rheinberger insgesamt nicht mehr hold, und bis in die frühen 1980er-Jahre hinein war sein Werk, abgesehen von einigen Orgelwerken und Messen in Bearbeitungen, so gut wie unbekannt. Notenausgaben suchte man im Handel meist vergebens.

Heute gehört das *Abendlied* zum Kernrepertoire von Chören überall auf der Welt, und das liegt maßgeblich daran, dass mehr als hundert Jahre später ein rühriger Archivar und ein moderner Verleger aufeinander trafen und die kühne Vision verfolgten, die Werke des großen Unbekannten in Form einer wissenschaftlich-kritischen Gesamtausgabe in die Welt zu schicken.

Harald Wanger im Carus-Verlag, 1997

Günter Graulich war um 1981 auf das *Abendlied* aufmerksam geworden und hatte sich zur Neuausgabe dieser Motette in seinem jungen Verlag entschlossen. Das Studium des *Cantus Missae* op. 109, der großartigen doppelchörigen A-cappella-Messe, überzeugte Graulich endgültig von der Bedeutung Rheinbergers. Und in der für ihn typischen Weise suchte er sofort den Kontakt zu dem besten Kenner Rheinbergers, um sich über die Quellen zu informieren und weitere Schätze zu heben. Er fand ihn in Harald Wanger, dem langjährigen Leiter des Josef Rheinberger-Archivs in Vaduz. Ein intensiver Briefwechsel nahm seinen Lauf, und bald erschienen weitere Motetten und Kammermusikwerke im Druck. Aus der engen württembergisch-liechtensteinischen Kooperation erwuchs mit der Zeit auch eine Freundschaft, die in gegenseitigen Besuchen samt gemeinsamen Bergtouren über den Fürstensteig gipfelte.

Im März 1984, bei einem Besuch von Harald Wanger und seiner Frau Gertrud in Stuttgart, wurde die Idee geboren, Rheinbergers Werk komplett zu verlegen – ein durchaus spektakulärer Plan, wenn man den Werkumfang betrachtet und die Tatsache, dass Rheinberger längst noch nicht wieder so bekannt war wie heute. Es blieb nicht bei der Idee (die der Erzählung nach bei einer fieberhaften Bronchitis aufkam), rasch wurden Fakten geschaffen. Man nahm Kontakte zu den wenigen weiteren Rheinberger-Forschern auf und entwickelte die Editionsrichtlinien. Auch die Bayerische Staatsbibliothek, die den Nachlass verwaltet, konnte man für das Projekt begeistern. Anhand der Quellen wurde ein Editionsplan aufgestellt, die Umfänge der Werke wurden geschätzt und eine Bandaufteilung festgelegt, die dank der großen verlegerischen Erfahrung am Ende perfekt aufging. Günter Graulich beauftragte seine Grafiker Paul Weber und

Werner Böttler und fand in seinem – wie immer zähen – Ringen um das Beste eine Lösung, die bis zum letzten Band alle Gestaltungswünsche erfüllen konnte. 1987 war es dann soweit: Der erste Band der Gesamtausgabe, *Der Stern von Bethlehem* op. 164, erschien und wurde mit einem Festakt dem Fürsten von Liechtenstein auf Schloss Vaduz präsentiert.

Für Rheinberger war es ein Glücksfall, dass die Regierungen seines Heimatlandes erkannten, welche Chancen eine moderne Werkausgabe für eine weltweite Verbreitung seiner Werke bot, und daher die Finanzierung der Gesamtausgabe zusagten. In vielen Verhandlungen galt es dann aber, den Abschluss der Ausgabe über die Jahre zu sichern und voranzutreiben, auch noch nach der Pensionierung Harald Wangers. Im Jahr 2000 wurde im Carus-Verlag eine Editions- und Forschungsstelle eingerichtet, die sich um die Edition der Gesamtausgabe kümmerte, zur Anlaufstelle für die wachsende Rheinberger-Forschung sowie für Interpreten und Interpretinnen wurde und sich auch um die Aktivitäten zum Rheinberger-Gedenkjahr 2001 kümmerte, für die Günter Graulich unermüdlich warb. Am 13. März 2009 konnte der erfolgreiche Abschluss der Rheinberger-Gesamtausgabe mit einem Fest in Liechtenstein gefeiert werden.

Doch Günter Graulich wäre nicht Günter Graulich, wenn er sich mit den 50 blauen Bänden zufriedengegeben hätte. Von Anfang an hatte er sich auf eigenes Risiko hin auch der Herstellung von Einzelausgaben und Aufführungsmaterialien verschrieben, sodass die Rheinberger-Ausgabe nicht zu einer reinen Denkmäler-Ausgabe wurde, sondern zu einem lebendigen Projekt für die Musikpraxis. Speziell für die Chorpraxis entstanden Chorpartituren, Klavierauszüge und Sammlungen von geistlichen und weltlichen Werken, die erheblich dazu beitrugen, dass Rheinberger heute nicht nur in Europa, sondern auch in Nordamerika und Japan als Komponist klangschöner, qualitätsvoller Chormusik bekannt ist.

Zudem ergänzte Günter Graulich die Ausgabe durch eine Serie von CD-Produktionen; zeitgleich mit dem ersten Gesamtausgaben-Band erschien der *Stern von Bethlehem* auf CD. In den späteren Jahren konnten bekannte Interpreten für Rheinbergers Musica-Sacra-Reihe gewonnen werden, deren erste CD, der *Cantus Missae*, gesungen vom Kammerchor Stuttgart unter Leitung von Frieder Bernius, gleich mit einem Preis der Deutschen Schallplattenkritik ausgezeichnet wurde.

Neben den Hauptbänden erschienen drei Supplementbände: eine Faksimile-Ausgabe, ein Bildband zu Leben und Werk Rheinbergers und ein Band mit Orgelwerken ohne Opuszahl. Und noch heute engagiert sich Günter Graulich für Rheinberger wo immer es geht, auf Chorfestivals, auf Ausstellungen und Wettbewerben, und nicht zuletzt auch mit dem Wunsch, bedeutende Jugendwerke und Werke ohne Opuszahl aus dem Dornröschenschlaf zu wecken. Denn – wie er uns LektorInnen immer gelehrt hat: Man braucht eine Vision und man braucht die richtigen Leute!

Nach Studium der Musikwissenschaft, Anglistik und Geschichte in Bonn und Exeter/GB promovierte **Barbara Mohn** über das englische Oratorium im 19. Jahrhundert. Sie ist seit 1994 als Lektorin im Carus-Verlag tätig, von 2000 bis 2008 war sie Leiterin der Editionsstelle der Rheinberger-Gesamtausgabe.

Eberhard von Oppen

Carus-Erinnerungen

Vorbemerkung: Dieser Text entstand zu Günter Graulichs Geburtstag am 2. Juli 2015 – der Inhalt samt der abschließenden Grüße und Wünsche sind selbstverständlich nicht auf diesen Termin beschränkt. Für die vorliegende Wiedergabe wurden Kürzungen vorgenommen.

Stuttgart-Vaihingen, im Winter, Frühjahr und Sommer 2015

Lieber Herr Graulich!

Sie werden sich wohl erinnern: In der zurückliegenden Weihnachtszeit wurden, wie in mehreren Stuttgarter Gemeinden, auch in der Markuskirche mit dem Knabenchor CIS, die sechs Kantaten von Bachs *Weihnachtsoratorium* am jeweiligen Tag thematisch in den Gottesdienst einbezogen und musiziert.

Nach der letzten Kantate am Dreikönigstag trafen Ihre Frau, Sie und ich schräg gegenüber der Kirche, an der Ecke der Pelargus-Straße zusammen. Ihre Frau und Sie hatten in der Pelargus-Straße Nummer 1/1, im früheren Carus-Gebäude, noch zu tun und ließen auch mich nach über zwanzig Jahren einmal wieder einige der Räume sehen, in denen sich damals mein beruflicher Alltag abspielte. Natürlich sprachen wir über diese Zeit dort, und Sie meinten, ich müsste meine Carus-Erinnerungen einmal aufschreiben. Ich wehrte das eher ab, zumal ich mich etwas bedrängt fühlte. (Einem Verleger muss allerdings vielleicht schon naturgemäß ein gewisses Drängen zu eigen sein ... ?) Auch wusste ich gar nicht, in welcher Form ich so etwas notieren sollte und könnte.

Dann aber sagten Sie beim Abschied, es sei für Sie einfach „ein Wunsch", und Sie hätten ja im Sommer auch mal Geburtstag – und im Verlauf meines Weiterweges in heller Wintersonne kamen mir doch einige Gedanken an früher – warum also eigentlich nicht? Vielleicht könnte ich doch versuchen, manches irgendwie sinnvoll aufzuschreiben aus meiner eigenen Erinnerung (denn Ihre Frau und Sie haben ja selbst noch so viel mehr eigene Erinnerungen). Und als Form könnte ich ganz einfach einen Brief nehmen. Der müsste dann allerdings zugleich an Ihre Frau gerichtet sein, denn Ihrer beider Wirken ist wohl kaum zu trennen, und z. B. Ihr Bundesverdienstkreuz verstand ich – mit Verlaub – auch als Auszeichnung für Ihrer *beider* Aufbauarbeit.

Daher nun also auch ausdrücklich:

Liebe Frau Graulich!

Erich Kästner hat in seiner „Ansprache zum Schulbeginn" und in seinen Kinderbüchern immer wieder mit Nachdruck und voller Lebensklugheit dazu gemahnt, im Lauf des Älterwerdens niemals die Erinnerung insbesondere an die eigene Kindheit zu verlieren; er gebrauchte für das Leben das schöne Bild eines persönlichen Hauses, in dem man beim Höhersteigen, d. h. Älterwerden keinesfalls die Treppen hinter sich zerstören solle, um sich immer wieder erinnern, also in seine eigene Vergangenheiten zurücksteigen und sie – betrachtend und erkennend – in Beziehung zu den oberen Stockwerken setzen zu können. Das will ich also auch im Folgenden tun.

Im Jahr **1986** kamen meine Frau und ich, bald nach unserer Heirat und unseren Examina, nach Stuttgart, fanden auch mit großem Glück rasch eine Altbauwohnung im Stuttgarter Westen. Ich hatte 1975–77 bei Bärenreiter eine Musikalienhändler-Lehre absolviert und ein Magisterstudium angeschlossen. Im *Musikhandel* suchte ich mit einer Anzeige ein weiterführendes Berufsfeld. Diese kreuzte sich wohl damals mit der Carus-Suche nach einem weiteren Mitarbeiter, zusätzlich zu Ihnen beiden und Herrn Lechler (ebenfalls per Anzeige im *Musikhandel*). Ich bewarb mich auf Ihre Anzeige und bekam zunächst nur eine noch unentschiedene Antwort, fragte jedoch dann im Herbst noch einmal nach. Das hatte Folgen – vielleicht war vor allem der Zeitpunkt günstig und im Augenblick wichtiger als meine „Qualifikation". Am 26. Oktober, einem Sonntag(!) riefen Sie vormittags bei uns an und schlugen ein Gespräch vor, zu dem ich dann am 5. November erstmals in die Gebelsbergstraße kam (nachdem ich vorher bei einem Spaziergang nach der Post-Adresse „Wannenstraße Nr. 45" gesucht und, etwas irritiert, zunächst nur einen Briefkasten mit „CV 45" gefunden hatte).

Wir vereinbarten zunächst probeweise etwas Korrekturarbeit bei mir zu Hause. Am 21. November kam dann die Anfrage, ob ich ab jetzt in der Gebelsbergstraße arbeiten wolle, da Sie, liebe Frau Graulich, zu einem Krankenhaus-Aufenthalt müssten (jedenfalls ist das meine Erinnerung). Ich erinnere mich auch an Ihre Mutter bzw. Schwiegermutter, die damals noch im Haus lebte.

Seit November sangen meine Frau und ich außerdem in der Kantorei unserer Paulus-Kirchengemeinde mit (und wir tun das noch heute, 29 Jahre später, im letzten Amtsjahr von Dieter Kurz). Der Paulus-Chor wurde uns eine feste Konstante, für mich dazu ein wichtiges praktisches Feld für das Carus-Programm, denn Dieter Kurz nahm – als erstaunlicher Kenner und Freund dieses Programms – sich mit uns immer wieder die verschiedensten Carus-Werke vor. Zumal Mendelssohn gilt seine Vorliebe: Wir sangen u. a. *Paulus*, *Elias* (beide mehrfach), *Christus*, *Lauda Sion*, *Verleih uns Frieden* und viele kleinere Chorwerke – dazu Bach, Mozart, Beethoven, Schubert, Spohr (*Die letzten Dinge* 2008 nach unserem ganz neuen Material), Brahms, Rossini und vieles andere, zuletzt an Psalmsonntag 2015 den 3. Teil von Loewes *Sühnopfer*. Ich

Büroszene in der Gebelsbergstraße 34B in Stuttgart:
Hans Ryschawy und Earl Rosenbaum

wurde entsprechend auch zum Noten-Lieferanten und habe im Laufe der Jahre nicht unbeträchtliche Umsätze erreicht. Auch etliche Programmhefte entstanden im Laufe der Jahre zu Konzerten des Paulus-Chores, bei denen unsere Ausgaben sehr halfen.

Am 6. Februar **1987** begann meine offizielle Probezeit, in der ich in dem noch nicht ausgebauten und erhellten Raum im Untergeschoss wegen anfangs etwas unklarer Aufgabenbereiche ein paar Anfangsschwierigkeiten hatte. In dieser Zeit riet mir übrigens Dieter Kurz sehr dazu, nach Möglichkeit bei Carus zu bleiben.

Immer öfter wurde ich zum Boten zu Herrn Lechler, dem „Verlagsvertrieb", im Haus Gebelsbergstraße 1, bis ich schließlich dort meinen eigentlichen Platz fand. Dabei wiederholte sich ein Aha-Erlebnis, das ich Jahre früher auch bei Bärenreiter hatte: Ich kam von einer Büro-Tätigkeit mit Briefen, Korrektur-Blättern etc. plötzlich in ein Lager mit großen Mengen fertiger Noten- und Buchausgaben, gewissermaßen von theoretischer nun zu begreif-barer Musik zum Blättern und Lesen (und eigentlich natürlich dann zum Musizieren)! Ich kannte ja das Carus-Programm eher nur „theoretisch", kannte nur einzelne Ausgaben vom eigenen Augenschein; zu meinem ersten Weihnachten bei Carus 1986 hatten Sie mir eine der ganz besonderen Ausgaben geschenkt – die Pflüger-Liedsätze mit den Holzschnitten von HAP Grieshaber.

In der „G 1" war es eigentlich eine *Wohnung* im ersten Stockwerk – zwei Zimmer waren Büros; in meinem setzte ich mich zunächst mangels Stuhl auf einige Kartons mit Katalogen an den stilvollen (eher Ess- als) Schreibtisch. Im Wohnzimmer, mit typisch knarrendem Parkett (Geräusche sind manchmal eine lebenslange Erinnerung!) standen die Lager-Regale, deren Gewicht mir (und wohl auch Ihnen) immer etwas bedenklich vorkam für eine Wohnhaus-Statik ... An den Wänden im engen Flur stapelten sich die Pakete des „Hauptlagers" und mussten bei jeder Anlieferung je nach Bestellnummer mühsam umgestapelt werden. Die Carus-Auslieferung mit entsprechendem Lager war ja noch hauptsächlich bei Hänssler; wir belieferten wohl immer nur relativ wenige (wohl private) Kunden, weshalb täglich ein Bote aus Neuhausen (Herr Lange oder Herr Vogelgsang) mit Noten kam. Herr Lechler fakturierte die Rechnungen auf einem „frühen" PC, wir legten die Sendungen aus und verpackten sie dann im eigentlichen Badezim-

Einige der ersten Mitarbeiterinnen und Mitarbeiter des Verlags: Susanne Weiler, Eberhard von Oppen, Hans Ryschawy, Sabine Bock, Earl Rosenbaum, Marja von Bargen, Nelly Kolar, Duck-Ja Shin, Barbara Mohn, Ehepaar Graulich, Stetten 2016

mer(!), richtig traditionell mit Bindfaden und Briefmarken (außer Paketen). Die große Waage, die auch in Stetten noch lange gute Dienste tat, war quer über der Badewanne platziert. Bei Dienstschluss um 17.00 Uhr nahm dann Herr Lechler alles mit und brachte es zum Postamt in der Adlerstraße.

Meine erste selbstständige Aufgabe war ein vollständiges Verzeichnis der Schallplatten und – als neueste technische Entwicklung! – der ersten acht Carus-„Compact Discs". Konzeption und Redaktion von Verzeichnis und Werkregister samt Korrekturdurchgängen sowie die Titel-Reproduktionen, alles in Zusammenwirken (Hin- und Herschicken per Post) mit Setzer, Drucker und Bilderreproduzent, Korrekturen etc. wären für eine heutige Marketing-Abteilung etwas leichter …

1987, glaube ich, reisten Sie auch nach Korea zu unserer Notenstichfirma, unter anderem mit dem Ergebnis, das einige Zeit danach eine junge Koreanerin, Duck-Ja Shin, als Notenstecherin das Verlagspersonal erweiterte. Im November 1987 bestaunte ich den ersten von schließlich über vierzig blauen Leinenbänden der *Rheinberger-Gesamtausgabe*: Band 10, *Der Stern von Bethlehem*, von Harald Wanger selbst herausgegeben. Die Geschichte von Rheinbergers – mit kaum glaublichen 15 Jahren komponiertem – *Abendlied* als Keimzelle Ihres Rheinberger-Interesses und der Gesamtausgabe beeindruckt mich immer wieder. Der Komponist ist heute wohl wirklich ein gutes Stück ins Bewusstsein der Musikwelt zurückgekehrt. Auf die Notenausgabe folgte eine CD mit einer Aufnahme des Werkes vom Bayerischen Rundfunk aus dem Jahr 1961, zu der ich mich an eine Bemerkung von Ihnen erinnere, wenigstens einmal solle im Carus-Programm der Name Dietrich Fischer-Dieskau erscheinen. (Die zweite Solopartie sang Rita Streich.) Bis auf einen Beitrag beim *Liederprojekt* blieb es auch das einzige Mal.

Wohl im Frühjahr **1988** geschah dann der Umzug des Lagers und des Vertriebs-Büros in die Pelargusstraße, im Zuge der Abtrennung des Hänssler-Musikprogramms nach Kirchheim und der Übernahme der kompletten Carus-Auslieferung in eigene Regie. So hatten wir nun ein viel größeres Lager – das Handlager bei den Büros im Hochparterre und das Hauptlager in zwei Stockwerken darunter, im Souterrain und ganz im Keller. (Die Luftfeuchtigkeit dort unten ließ sich noch lange an damals noch nicht rostfreien Rückstichklammern mancher Notenausgaben feststellen.) Die Anlieferungen vom Buchbinder (oft von der nahe gelegenen Firma Libellus) hatte ich dann mithilfe eines sehr praktischen Gabelstaplers mit Handkurbel-Betrieb abzuladen, zu kontrollieren und einzuräumen; einen Hubwagen musste ich anfangs noch jeweils bei einer freundlichen Nachbarfirma ausleihen. Neben dem Lager und Auslegen der Bestellungen (ggf. unter Lagerergänzungen per Bestellung in Kirchheim) bekam ich allmählich mehr am Kundentelefon zu tun, außerdem diverse Aufgaben wie Führen der Eingangsliste, Vorbereitung der Stückzahl-Eingabe durch Sie, Meldungen an den *Musikhandel* (nach Vorgabe von Ihnen), Katalog-Redaktion, Vorbereitung von Ausstellungskästen u. a. – heute liegt das alles in speziell zuständigen Abteilungen.

Mit der Pelargusstraße verbinde ich auch die Erinnerung an die aufregende Zeit der von Polen ausgegangenen „Wende" in Deutschland und Osteuropa und damit auch an die Ankunft von Regina Dragus (die aber schon früher aus Rumänien gekommen war) und von Herrn Kiebeler (1992). Vom Januar **1991** erinnere ich mich an den Beginn des ersten Golfkrieges. Eines Tages gab es in der Pelargusstraße erstmals ein Fax-Gerät, und Sie schickten ein erstes Probe-Fax an die Firma Roth in Owen, die umgehend mit einem Glückwunsch antwortete. Und schließlich erinnere ich mich an die beeindruckende Vielzahl (ich glaube: 16) der großen Paletten mit dem neu erschienenen blauen „Bauer-Heft" (CV 70.200).

Anfang **1992** gab es sympathischerweise und wohl zum ersten Mal ein Zusammensein der Mitarbeiter außerhalb von Arbeit und Verlag: Sie luden zum 20. Carus-Jahrestag in die nahegelegene „Kochenbas" ein – ein neues und menschlich sehr förderliches Element in der Carus-Geschichte.

Ich erfuhr schließlich auch von der – auch juristisch – schwierigen Situation mit Hänssler-Musik und dann von Ihrer Entscheidung und Durchsetzung einer Gesamtübernahme der Editionsreihen 1–39. So verständlich Ihr Wunsch natürlich war, eine drohende Aufteilung dieses gewachsenen, von Ihnen mitgestalteten Programms zu verhindern: Ich fürchtete damals – ohne Einsicht in die Details – recht skeptisch, ob der noch immer vergleichsweise junge Verlag diese gewaltige Probe bestehen könnte. Doch auch mit Hilfe einer ganzen Reihe von im richtigen Moment glücklich gefundenen neuen MitarbeiterInnen gelang es.

Die Geschichte vom Anlass zur Gründung des Verlages im Jahr 1972 – jenes von Ihnen bei Hänssler vorgeschlagene und als „zu katholisch"(?) abgelehnte D-Dur-*Gloria* von Vivaldi, das daraufhin zum ersten Carus-Werk mit der Ur-Nummer 40.001 wurde – habe ich gelegentlich Kunden erzählt, zumal bei Fragen nach eben diesem bis heute beliebten Werk und wichtigen Umsatzträger. So kam es zu einer bedeutsamen Erweiterung des bisher bei Hänssler entstandenen Programms, das nun aber mit dem Carus-Programm verbunden blieb. Als sehr vorteilhaft erwies sich hier auch, dass die CV-Editionsnummern (Reihe 40) bereits absolut kompatibel waren mit den bisherigen Hänssler-Reihen (Carus war ja zunächst von Hänssler ausgeliefert worden). Das ganze Nummern-System (Reihe/Werk/Ausgabe) fand ich von Anfang an überzeugend und praxisgerecht; zudem bewährt sich immer wieder der Gedanke, bei Schütz, Bach, Rheinberger, Mozart, Michael Haydn und Händel zu leichter Orientierung die Nummern des jeweiligen Werkverzeichnisses bzw. die Opus-Zahl in die Editionsnummer zu integrieren.

Die neue Situation erforderte natürlich räumliche Veränderungen: Eines Tages im Frühjahr 1992 nahm uns Herr Lechler einmal mit auf die Filder, ins Gewerbegebiet von Stetten, in die Räumlichkeiten einer früheren Schreinerei. Nur dieses eine Mal sah ich die beeindruckende große Halle der ehemaligen Werkstatt leer, bevor bald Zwischenwände, eine Zwischendecke und vor allem zahlreiche Regale eingebaut wurden. Dort wurden nun die Lager-Bestände von Hänssler und Carus zusammengeführt und der Carus-Vertrieb aus der Pelargusstraße angesiedelt, bald wiederum durch neue Kollegen und Kolleginnen erweitert, während Lektorat und Herstellung, ebenfalls mit zunehmendem Personal, weiter in der Gebelsbergstraße 34B blieben.

Die größere Notenmenge kam aus Kirchheim bzw. einem Reservelager in einem Kuhstall(!) im benachbarten Dörfchen Nabern (ich kenne beides nur aus Schilderungen, war selbst nie dort). In der Pelargusstraße war ich ganz allein beim Beladen der Paletten – daher habe ich seither die erhebende Vorstellung, das gesamte damalige Carus-Lager einmal persönlich in der Hand gehabt bzw. auf dem Buckel getragen zu haben … In Stetten stand zwischen den inzwischen durchdacht aufgebauten Regalen eine kaum absehbare Menge von Noten-Paletten, die wir in kurzer Zeit in sinnvoller Ordnung einräumen mussten (währenddessen Herr Lechler eine Mindestauslieferung am Laufen hielt). Es macht mich noch heute ein bisschen stolz, dass die nummerische Lager-Anordnung bzw. -Organisation unter diesen Umständen einigermaßen gelang, im Prinzip bis heute gültig ist und sich insgesamt wohl – natürlich mit Korrekturen und vor allem umfangreichen Erweiterungen – bewährt hat.

Das stetig wachsende Lager – Anlieferungen mit Kontrolle, Einräumen bzw. Paletten-Lagerung, Übersicht über die Lagerplätze, Vorbereitung der Stückzahl- und Gewichteingaben in die EDV, auch die Hauptlager-Inventur – blieb in meinem Aufgabenbereich, natürlich mit Unterstützung, im Hauptlager mit langjähriger Hilfe von Stettener oder Echterdinger Schülern, deren Persönlichkeitsentwicklung in dieser Zeit manchmal eindrucksvoll zu beobachten war. Dazu kam immer der telefonische und manchmal auch persönliche Kontakt mit Kunden, Bemusterungen, Werbung, Vorbereitung von Ausstellungen und gelegentlich auch deren Durchführung, wie – in wachsender „Tradition" – bei den zweijährlichen württembergischen Verbandstagungen im schönen Stiftsgebäude in Bad Urach, bei einer besonders fachkundigen und Carus-zugetanen Zielgruppe.

Meine tägliche Hin- und Rückfahrt per Fahrrad durch die Felder zwischen Echterdingen (S-Bahn) und Stetten lässt mich nun schon viele Jahre die Jahreszeiten mit Auge und Ohr, Nase und Haut und mit der Seele erleben. Allerdings donnert immer wieder, manchmal im Zwei-Minuten-Takt, ein fliegender Stahlkoloss vorbei – ich muss die Flugschneise des nahen Flughafens durchqueren. Neben dem Lärm ist vor allem die Beharrlichkeit immer wieder bedrückend, mit der hier alle immer dringender warnenden Klima-Prognosen ignoriert und verdrängt werden. Wie beim Autofahren: Jeder hat persönlich „gute" Gründe, aber die überforderte Natur kann nicht mehr nach Gründen fragen …

1993 ging Herr Lechler in den wahrhaftig verdienten Ruhestand, für den ihm tragischerweise nicht mehr viel Zeit bleiben sollte. Er war ein sehr pflichtbewusster, korrekter, manchmal strenger, aber verständnisvoller und hilfreicher Kollege, dessen heitere, auch mal lockere private Seite ich leider nicht oft erlebte.

Beim Handlager-Zählen während der Inventur **1994** – er zählte interessanterweise immer 5 Exemplare auf einmal – begegnete ich dann erstmals unserem neuen Vertriebsleiter, Herrn Kunze, und mit diesem warmherzigen, klugen, einfühlsamen, fairen, für Fragen und Argumente immer offenen, vielseitig interessierten und gebildeten Menschen, natürlich auch mit dem sprachgewandten und kreativen Versdichter für die Kollegen, entwickelte sich ein so wohltuendes Arbeitsverhältnis, dass mir sein um ein Jahr geringeres Lebensalter sehr beruhigend bewusst war, da ich nicht länger als er, d.h. ohne ihn würde arbeiten müssen. Es sollte anders kommen… Herr Kunze ist es auch, dem ich seinerzeit erste nennenswerte Anleitung verdanke im Umgang mit dem immer wichtiger werdenden Computer; ein Satz bzw. ein Rat gleich zu Beginn kommt mir zu gegebenem Anlass bis heute immer wieder in den Sinn, mit einer gewissen realistischen Resignation: „Diskutieren Sie niemals mit einem Computer!"

Jo Kunze, langjähriger Vertriebsleiter von Carus

Etwa für das Jahr **1995**(?) erinnere ich mich an einen prominenten Besucher, dem Sie das Stettener Verlagshaus zeigten – Eric Ericson. Da war mir ein bisschen ehrfürchtig zumute, und ich bat ihn sogar, etwas zögernd, um ein Autogramm auf ein CD-Booklet mit von ihm dirigierten Rossini-Chören, das ich natürlich noch heute habe.

1997, beim 25-Jahr-Fest des Verlages, wurde die erste bauliche Erweiterung in Stetten eingeweiht, vor allem die Halle als Ausstellungsraum und für Veranstaltungen – darin auch das schöne, zunächst geliehene große Weihnachtsbild aus Stetten im Remstal. Von der Feier habe ich einen wunderbaren Auftritt des großen Dramaturgen, Regisseurs und Schauspielers Ernst Poettgen in Erinnerung: Er stellte auf eine (noch vorhandene) hölzerne Staffelei eine stark vergrößerte Porträtskizze von Carl Gustav Carus und schlüpfte dann in dessen Rolle; er erzählte dies und jenes, gratulierte „seinem" Verlag und schloss mit einem wunderbaren Satz über Mendelssohns *Elias*, den ich gern auch hierher setzen möchte:

Carl Gustav Carus,
Ölbild von J. C. Rössler

In seinem *Elias* hat er wirklich einen alten unscheinbaren Silberbarren aus der Bundeslade Israels hervorgeholt, und dann nahm er den Stimmhammer und schlug ihn so richtig und volltönend an, dass er nun klingt und erfreut und bewegt, und dass der Tempelvorhang der Zeit sich öffnet und die große Gestalt des starken Eiferers sichtbar wird, und dass wir das Volk gewahren und die regenbringende Wolke.

Carl Gustav Carus (1789–1869) war einer der großen universalen Geister – Arzt, Psychologe, Zeichner, Maler, Musikkenner, Philosoph, Freund und Austausch-Partner anderer Größen wie C. D. Friedrich, Tieck und Goethe – und ist ein würdiger Namenspatron des Verlages. Da ich (am Telefon) gelegentlich nach ihm gefragt werde oder gar ahnungslos oder scherzhaft als „Herr Carus" angesprochen werde, erzähle ich gern auch mal Ihre Geschichte mit dem schönen Signet, für das Sie – nach der Handelsregister-Ablehnung von „Cappella-Verlag" – einen anderen C-Namen brauchten und schließlich auf die doppelte Bedeutung kamen: „carus" = „lieb, wert, teuer" sowie eben Carl Gustav Carus – Sie müssen übrigens einen bemerkenswerten Unterricht gehabt haben, wenn Sie dort diesen nicht gerade allgemein bekannten C. G. Carus kennenlernten und zu Ihrem Lieblingsmaler machten! Seine Interessen als Musikkundiger und als Arzt – noch heute gibt es ja in Dresden das Klinikum mit seinem Namen – kommen in einem Exponat des Leipziger Mendelssohn-Hauses beispielhaft zum Ausdruck, das ich dort kürzlich sah: Ein Gipsabdruck von Mendelssohns rechter Hand – angefertigt auf Betreiben von Carl Gustav Carus aus Dresden!

Im Frühjahr oder Sommer des Jahres **2000** versammelten Sie beide die Belegschaft aus Stuttgart und Stetten, um eine große Neuerung in der Verlagsgeschichte mitzuteilen: Ein frischgebackener Kinderfacharzt aus der Berliner Charité würde Ihr Carus-Lebenswerk übernehmen und fortführen! (Ich hatte Johannes schon früher als Studenten kennengelernt.) Nun also der Wechsel von der Medizin zur Musik (die ihn natürlich in Ihrem Haus ohnehin auch geprägt hatte), von den Patienten zu den Verlagskollegen, Autoren und Kunden. Gerade Carl Gustav Carus hatte ja schon in seiner Person die Symbiose der Fachgebiete und Tätigkeitsfelder gezeigt; auch gibt es prominente Vorgänger, die vom Arzt zum Verleger wurden. Und später zeigten dann die *Wiegenlieder* und vieles, was daraus entstand, dass der heilkundige Arzt durchaus auch in einem Musikverleger fortwirken kann.

Inzwischen gab es **2001** in Stetten den nächsten Gebäude-Ausbau (u. a. Umbau des 1. Obergeschosses), und für ein Jahr wurde die Halle zu einem originellen Großraumbüro umfunktioniert – für Herrn Kunze und mich sowie für die ganze Buchhaltung; dorthin brachte ich im Dezember 2001 die allerersten Euro- und Cent-Münzen mit. Nebenan hatte Johannes für seine ohnehin sicher nicht leichte Anfangszeit ein recht provisorisches Büro.

Im Jahr darauf, **2002**, zogen dann auch Lektorat und Herstellung von Heslach nach Stetten, sodass der Verlag in seinem 30. Jahr unter einem Dach vereinigt war – abgesehen von Ihnen beiden selbst. Ich hatte für die Neu-Stettener ein paar Blätter vorbereitet, um ihnen aus eigener, zehnjähriger Erfahrung zu zeigen, dass der neue Arbeitsort durchaus gut auch öffentlich oder mit dem Fahrrad zu erreichen ist.

2009 fand zu Mendelssohns 200. Geburtstag in Berlin eine Ausstellung aus dem Schatz der Mendelssohn-Sammlung der Stiftung Preußischer Kulturbesitz statt, zu der Carus den eindrucksvollen Katalog übernahm (CV 24.130). Eine Veranstaltungseinladung gab mir Johannes, selbst verhindert, weiter, und sie stiftete mich kurzerhand an zu meiner ganz persönlichen Geburtstagsreise: Ganz bewusst auf langsamer Zugstrecke reiste ich mit der umfangreichen, gerade erschienenen Larry-Todd-Lektüre nach Berlin, bestaunte bei mehreren Besuchen in der Staatsbibliothek diese unglaublichen Kostbarkeiten in Schrift, Notenschrift oder auch Zeichnung und Aquarell – vieles kannte ich natürlich aus der Literatur, doch hier lagen nun dieselben Blätter vor mir, die dieser große Mensch und Musiker in seiner eigenen Hand und unter seiner Schreib- oder Zeichenfeder gehabt hatte!

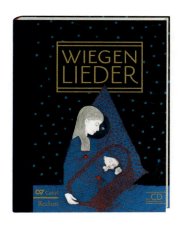

Im Herbst dieses Jahres 2009 kam dann etwas an die Öffentlichkeit, das für mich eine der schönsten und folgenreichsten Carus-Ausgaben überhaupt wurde und bleibt, bei allen Folge-Bänden: Das bereits angesprochene *Wiegenlieder*-Buch, mit der so gelungenen Auswahl bekannter und kaum bekannter Lieder, in Verbindung mit den Bildern von Frank Walka, die so wunderbar anregend zwischen Klischee und Provokation hindurchfinden. Neben der offensichtlich so notwendigen Absicht, Kindern buchstäblich Lieder in die Wiege zu legen und ihnen durch die Begegnung mit Musik musikalisches Empfinden und zugleich grundlegende Geborgenheitserfahrung zu vermitteln, lösten die *Wiegenlieder* (samt Klavierband und CDs) gerade auch bei Erwachsenen erstaunliche Wirkungen aus: Am Telefon, auch z. B. auf der Buchmesse dieses Jahres, erfuhr ich etwa von Demenz-Kranken, die ihre Ehepartner nicht mehr erkennen können, manche Lieder aber Wort für Wort mitsingen. Das Buch hat sich auch privat immer wieder als Geschenk bewährt und gute Begegnungen und Gespräche ausgelöst. Sehr bewährt hat sich auch das Konzept mit der instrumentalen Begleit-CD, zunächst gedacht zur Ermunterung für weniger sangesgeübte Eltern, doch auch ganz einfach zum Anhören; gerade in bewegten Zeiten ist es etwas Wunderbares, einfach Christine Busch auf ihrer Violine singen zu lassen und beim Zuhören vielleicht, bewusst oder unbewusst, die Textworte mitzuspüren. Meine Frau erlebte gerade wieder, dass auch ihre 9- oder 10-jährigen Schüler, oft recht chaotische und forsche Naturen, sich beim Einschlafen im Schullandheim unter den Klängen dieser CD erstaunlich beruhigten und völlig ungewohnte Bemerkungen aus ihrer kindlichen Seele herausließen.

Ganz wichtig für die Resonanz der *Wiegenlieder* waren auch die ebenso liebevoll wie originell und informativ erarbeiteten kleinen Lied-Portraits, die SWR 2 ein Jahr lang regelmäßig jede Woche sendete. Alle Aufnahmen entstanden ja durch den SWR.

Carus-Verlag Stuttgart
in Leinfelden-Echterdingen (Stetten)

Der 18. April **2010**, ein Sonntag, brachte dann nicht nur einen Geburtstag in der Gebelsbergstraße (und zwei weitere von Stettener Kolleginnen), sondern auch etwas überaus Plötzliches und Schreckliches – Herrn Kunzes Unfall. Nach einer langen Zeit der Behandlung in verschiedenen Kliniken kam er schließlich als Wachkoma-Patient ins Pflegeheim Kennenburg in Esslingen, später ins „Haus auf der Waldau". Neben Besuchen einzelner Kolleginnen und Kollegen entstand die gute Tradition, jeweils in der Oster- und in der Adventszeit mit einer kleinen Chorgruppe aus dem Verlag unter Frau Kurz' Regie bei ihm zu singen – in der Hoffnung, auf diese Weise seine Seele (und seinen verletzten Geist?) etwas zu erreichen. Was er wohl wahrnimmt? Und wie, auf welcher Ebene des Bewusstseins? Und ob er doch einmal „wiederkommt", auch wenn es inzwischen über fünf Jahre her ist? Mit seiner lebensstarken Frau halten wir im Verlag eine gute Verbindung.

Ende **2012** – in meiner Erinnerung nach Abschluss eines dritten Verlagsausbaus mit einem 2. Obergeschoss – gab es zum inzwischen jährlich gewachsenen Liederprojekt zwei Ausstellungen von Frank Walka in Ochsenhausen und in Maulbronn, zu den *Wiegenliedern* und den gerade neu herausgekommenen *Weihnachtsliedern* (2010 hatte es schon eine zu den *Wiegenliedern* in Baden-Baden gegeben.)

Das Jahr darauf, **2013**, brachte eine nachpfingstliche Zug/Rad-Reise, die ich zu meinem 25. Carus-Jahr an den Bodensee bekommen hatte; am schönen Schweizer See-Ufer geschah dann allerdings der Wirbelbruch mit nachfolgenden Operationen und Klinikwochen in Konstanz sowie Reha in Bad Urach, unter lebhafter Anteilnahme aus dem Verlag, was mich sehr freute. (Ich bekam sogar die neu erschienenen *Wiegenlieder aus aller Welt* geschickt, dazu einige neue CDs.)

Mit der Rückkehr nach Stetten konzentrierten sich meine Aufgaben dann vor allem auf den telefonischen Kontakt mit Händlern und Privatkunden, an dem ich – bei allen, oft gemeinschaftlich behandelten Problemen – immer wieder Freude habe. Daher nutze ich ab und zu auch gern eine Gelegenheit, in meiner direkten Nachbarschaft oder auf dem Weg zur S-Bahn eine kleinere Sendung auch mal persönlich vorbeizubringen.

Bewegend war einmal ein Anruf einer Kundin, die wegen fortschreitenden Muskelschwundes nicht mehr zum Halten, nicht einmal mehr zum Umblättern ihrer Noten in der Lage war; in dieser besonderen Ausnahme bekam sie ihren Klavierauszug als Datei auf ihren Tablet-PC. Sie schrieb einen begeisterten Dankesbrief samt Foto ihrer technischen Vorrichtung, mit deren Hilfe sie das für sie buchstäblich lebenswichtige Chorsingen beibehalten kann. Auch für Menschen in solcher Lebenslage arbeitet ein Musikverlag.

Immer wieder wird mir bewusst, welch ein Privileg es ist, in seiner beruflichen Arbeit etwas vermitteln, anbieten, vorschlagen zu können oder zu dürfen, hinter dem man mit persönlicher Freude steht und was man möglichst aus aktiver eigener Erfahrung mehr oder weniger gut kennt, und dass das dann noch so etwas Besonderes, emotional Wichtiges ist wie Musik (wenn auch nur auf einem begrenzten Gebiet). Im Carus-Programm finde ich so viel mich ganz persönlich ansprechende Musik, zumal von mir so besonders wichtigen Komponisten wie eben Mendelssohn, wie Bach, Schubert, Dvořák, Reger, Mozart und die Haydn-Brüder – sogar Gustav Mahler haben wir heute dank Clytus Gottwald (und vorher schon Hermann Lauer) ein wenig dabei. Auch viele Textdichter liegen mir besonders am Herzen wie Claudius, Hesse und andere. Im geistlichen Bereich haben wir eine erfreulich ökumenische Breite, wobei ich immer wieder sehe, wie selbstverständlich heute auch evangelische Kirchenchöre lateinische Messen und Katholiken Bach-Kantaten aufführen. Beispielhaft verkörpert diese Durchdringung der kluge, umfassend orientierte und sehr sympathische Meinrad Walter in Freiburg, der sich bei Bach (über den er promovierte) nicht weniger auskennt als in speziellen Fragen der katholischen Liturgie.

Sehr viele, eigentlich die meisten Werke lernte ich, oft mit besonderer Freude, überhaupt erst kennen, oft auch durch eigenes Mitsingen (und manchmal auch vertiefendes Programmheft-Schreiben). So z. B. *Die letzten Dinge* von Louis Spohr, eines der Werke, die unsere Ausgaben von relativer Vergessenheit auf einen guten Weg bringen konnten. Die kleine Rubrik „Lieblingsstücke" im monatlichen Carus-Newsletter gab mir diesen März **2015** willkommene Gelegenheit zu dem Versuch, mal eines der kleineren Werke etwas ins Licht zu rücken, um die es mir immer wieder leid tut, weil sie ein – wie ich finde – unverdientes Schatten-Dasein führen im Carus-Programm: Der wunderbare achtstimmige *Nachtreigen* von Fanny Hensel, der wahrlich mehr zusteht als eine Beachtung lediglich als „die begabte Schwester von …"! Unter den Carus-Ausgaben, die mir immer wieder besondere Freude machen und für die ich mir eine größere Verbreitung wünsche, sind auch die kalligraphische und musikalische Kostbarkeit der Faksimile-Ausgabe von Mendelssohns Motette *Denn er hat seinen Engeln befohlen über dir* und der prächtige Jugendstil-Liederband *Blick in die Lieder* mit Reger-Liedern.

In den Pfingsttagen waren wir wieder am Bodensee, wie vor zwei Jahren, und diesmal vollendeten wir die damalige Fahrt am Schweizer Ufer, kamen auch an der Unfallstelle vorbei und diesmal wirklich bis hinauf zum früher berühmten Luftkurort Heiden; dort, am Waldrand, mit Blick über den 400 Meter tiefer gelegenen See, ließ sich – Sie wissen es vermutlich – ein besonders interessanter Carus-Komponist, nämlich Heinrich von Herzogenberg die „Villa Abendroth" bauen, deren Fertigstellung seine Frau Elisabeth – auch sie Carus-Komponistin – zu seinem Kummer nicht mehr erleben konnte. Dort entstanden u. a. die bei uns verlegten drei großen Oratorien. Die heute von der Herzogenberg-Gesellschaft betreute Villa war erwartetermaßen verschlossen, doch wir sahen immerhin den Ort.

Sie haben über viele Jahrzehnte nicht nur ein ungewöhnliches Gespür bewiesen für entdeckens- und bewahrenswerte Musik, die bei geistes- und seelenverwandten Menschen künstlerisch und auch wirtschaftlich „ankommen" kann, sondern Sie haben es auch beide – neben bewundernswertem eigenen Einsatz, und seit vielen Jahren natürlich mehr und mehr mit Johannes – verstanden, nach und nach einen Mitarbeiterkreis aufzubauen, der fachlich und menschlich gut zusammenwirken kann und vor allem überschaubar und persönlich geblieben ist. (Dass auch glückliche Fügung dabei war, versteht sich wohl von selbst; mein Vater sprach gern vom καιρός der alten Griechen.) Das gute, auch von außen spürbare und manchmal bestaunte Klima im Haus – so etwas wie Missgunst oder Herabsetzung habe ich persönlich nirgendwo bemerkt – ist in einem Arbeitsbetrieb keineswegs selbstverständlich, und ich bin dafür sehr dankbar.

Nebenbei – auch die damals in der „Kochenbas" begonnene Tradition des Feierns hat dem Zusammenhalt immer wieder gut getan, sichtbar in den alljährlichen Adventstreffen und seit einigen Jahren in den Sommerfesten, die wohl noch Herr Kunze feinfühlig angeregt hat als zusammenfassenden Ersatz für die vielen persönlichen Tutti-Geburtstagsgratulationen. Die runden Geburtstage und die zunehmenden (!) Dienstjubiläen werden jedoch gewissenhaft begangen (wovon ich mich ja kürzlich selber überzeugen konnte). Und schließlich hatten Sie das Verdienst und das Glück, mit Johannes und mit Uwe Wolf rechtzeitig gute Voraussetzungen für die Fortführung Ihres Werkes schaffen zu können.

Ich habe vielerlei Grund zur Dankbarkeit, gerade auch Ihnen beiden gegenüber! Sie haben – wie schon einmal ein Musikverleger, der Gründer und Leiter des Bärenreiter-Verlages, Karl Vötterle – eine entscheidende, folgenreiche Weiche gestellt in meinem Leben und an ihm viel Anteil genommen. Dankbar kann und sollte ich auch dafür sein, eine heute so selten lange und kontinuierliche Zeit an ein- und derselben Arbeitsstelle tätig zu sein.

Und dankbar bin ich schließlich nun auch für den Anstoß an jenem kalten Januar-Tag zu diesem kleinen Projekt, das vielleicht doch etwas anders wurde als ein Brief und das jetzt an einem extrem heißen Juli-Tag fertig wird. Ich wurde mir selbst immer mehr der Vielzahl meiner sehr persönlichen (und sachlich hoffentlich weitestgehend korrekten) Erinnerungen bewusst und des eigenen Reichtums meines Lebensweges und schließe mit einem nachträglichen Geburtstagsgruß und vielen guten Wünschen!

Ihr Eberhard v. Oppen

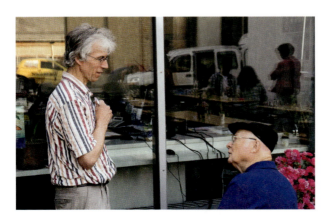

Eberhard v. Oppen, *1955 in Hamburg-Wandsbek. 1975–77 Lehre (Musikalienhändler) im Bärenreiter-Verlag Kassel, 1977–85 Studium Freiburg/Br, Frankfurt/M, Univ. of Sussex/GB, Heidelberg (Musikwissenschaft, Geschichte, Italienisch; Magisterarbeit „Jupiter, Mondschein und Paukenschlag. Beinamen in der klassisch-romantischen Instrumentalmusik"). Besprechungen, Radio-Mitarbeit, Programmhefte, Chorsingen, Instrumentalunterricht. Seit 1986 beim Carus-Verlag.

Renate Osteneck

Motettenchor und Carus-Verlag – Aus der Praxis für die Praxis

1.
An einem Dienstagabend im Mai 1988 stiegen mein Mann und ich zu unserer ersten Chorprobe mit dem Motettenchor die Treppen zum Musiksaal des Karlsgymnasiums hinauf. Vorausgegangen war ein Besuch bei dem Ehepaar Graulich zur stimmlichen Überprüfung. Erst wenige Jahre zuvor waren wir in Stuttgart (Heslach) zugezogen. Wir hatten beide schon in den verschiedensten Chören gesungen und wurden von Günter und Waltraud Graulich als neue Chormitglieder willkommen geheißen. Nun freuten wir uns darauf, den Chor kennenzulernen.

Der erste Eindruck: Dies war eine Chorgemeinschaft ganz eigener Prägung, in der sich die meisten seit Langem zu kennen schienen. Ob wir als Neulinge da eine Chance hätten hineinzukommen? Die Sorge war unbegründet, wir sollten uns dort bald heimisch fühlen.

Von seinem Pult aus leitete Günter Graulich – assistiert von seiner Ehefrau Waltraud am Flügel – die Probe. Wir waren angetan davon, wie intensiv er an den Feinheiten feilte, auf die große Linie setzte, auf einem klaren Piano bestand oder eine gute Textverständlichkeit einforderte und dabei seine Intentionen bisweilen mit bilderreichen Vergleichen erläuterte. Später lernten wir, dass er neu einzustudierende Werke zunächst gern einmal durchsingen ließ, was er „einen Faden schlagen" nannte.

In der Pause folgten vom Dirigentenpult aus quasi Familiennachrichten aus dem Kreis der Chormitglieder, es wurde zu verschiedenen Anlässen gratuliert bzw. in einem Fall kondoliert – ein bemerkenswertes Zeichen der Verbundenheit zwischen Chor und Chorleiter.

Eine Besonderheit war die Tatsache, dass Günter Graulich gleichzeitig Chorleiter und Musikverleger war. So hatte der Chor immer wieder Gelegenheit, aus Ausgaben des Carus-Verlags zu singen, mitunter aus druckfrischen Noten oder solchen im Korrekturstadium, so dass beim Durchsingen ein eventuell aufgefundener Fehler noch korrigiert werden konnte. Es machte Freude, aus den sorgfältig erstellten Ausgaben (mit dem unverkennbar klaren „Stichbild") zu singen und auch kaum bekannte Werke auszuprobieren oder aufzuführen.

2.
Einen umfassenden Einblick in die Chorgeschichte erhielten mein Mann und ich bei der Mitarbeit an der Festschrift zum 40-jährigen Bestehen des Motettenchors 1991. Das Jubiläum wurde mit festlich ausgestalteten Gottesdiensten, Konzerten und einem Ehemaligentreffen gefeiert, bei dem Ehemalige und Aktive einen klangstarken Chor bildeten, der die altvertrauten Chorsätze sang.

Ein Höhepunkt des Festjahres war die Aufführung von Bachs *h-Moll-Messe* in der Stiftskirche. Im Anschluss daran fand die Verleihung des Titels Kirchenmusikdirektor an Günter Graulich durch die Evangelische Landeskirche in Württemberg in Würdigung seiner Verdienste als Kirchenmusiker, Chorleiter und Verleger statt.

2001 konnten wir das 50-jährige Chorjubiläum feiern, wieder mit Konzerten und einem Festgottesdienst, bei dem auch Ehemalige mitwirkten. Für das Jubiläum hatte József Świder ein *Tedeum* komponiert, das hier zum ersten Mal erklang. Eine weitere, umfangreiche Festschrift würdigte die beeindruckende Chorgeschichte. Günter Graulich hatte beschlossen, am Ende des Jubeljahrs die Leitung des Motettenchors an seinen Nachfolger Simon Schorr zu übergeben. Die Aufführung der *h-Moll-Messe* geriet zu einem bewegenden Abschiedskonzert.

3.
Die Entstehung des Carus-Verlags ist eng mit der Geschichte des Motettenchors verbunden. Vielleicht galt hier das Motto: Aus der Praxis – für die Praxis. Als junger Lehrer hatte Graulich schon 1947 in der Dorfschule Warmbronn seine Schüler zwei- und dreistimmig singen lassen. Er übernahm zeitweilig die Leitung der Warmbronner Chöre, und eines Tages bat ihn sein Schulrat, für die Lehrerkollegen eine Art musikalischer Fortbildung zu organisieren. So kam es 1951 zur Bildung eines Lehrerchores (Singkreis Leonberg), der sich bald auch für Angehörige und Freunde öffnete und als Junger Chor Leonberg auftrat. Mit diesem Chor sang Graulich schon 1952 Kantaten und Motetten von Buxtehude, Schütz und Bach sowie drei Jahre später von J. S. Bach die *Johannespassion* in zwei Fassungen (Urfassung und Letztfassung) sowie das *Weihnachtsoratorium* mit Aufführungen in Stuttgart und Leonberg.

Von 1953 bis 1973 leitete Günter Graulich zusätzlich den Chor der Matthäuskirche in Stuttgart-Heslach und blieb auch danach der Matthäuskirche eng verbunden, denn, so Günter Graulich in der Festschrift zum 40-jährigen Jubiläum: „Schon immer hatte ich das Empfinden, dass Kirchenmusik an den Platz gehört, für den sie geschaffen ist, nämlich in den Gottesdienst."

Der Motettenchor sang in der Matthäuskirche nicht nur regelmäßig im Gottesdienst, sondern gab hier auch seine Abschlusskonzerte nach Konzertreisen. Hierzu Günter Graulich: „Die Lust am Reisen, meine historischen und geographischen Interessen und vor allem die zahlreichen Verbindungen sowie private Einladungen gaben den Anstoß zu Reisen nach Wales, Frankreich, Spanien, in die USA und nach Mexiko." Ein besonderes Anliegen waren ihm die Reisen nach Siebenbürgen sowie nach Thüringen und Sachsen. Vielfältige Kontakte entstanden zu Partnerchören, mit gegenseitigen Besuchen, gemeinsamen Konzerten und nicht zuletzt vielen persönlichen Freundschaften.

Im Jahr 1963 hatte man sich entschieden, den Chor in „Motettenchor Stuttgart" umzubenennen. „Bei der Suche nach einem neuen Namen wurde deutlich, wie sehr im Laufe der Jahre das Erarbeiten und Aufführen von geistlicher A-cappella-Literatur zu einem zentralen Anliegen des Chores geworden war. Mit der Umbenennung haben sich unsere Zielvorstellungen nicht geändert, aber wir haben deutlicher gemacht, dass wir uns der geistlichen Musik verschrieben haben." (GG)

4.
„In den 50er- und 60er-Jahren gab es längst nicht das große Angebot an Chormusik, das wir heute vorfinden […]. Als praktizierender Musiker wusste ich genug von schlechten Ausgaben und hatte Vorstellungen, wie gut Editionen aussehen müssten. Auch habe ich immer schon nach wertvoller Musik in Archiven und Bibliotheken Ausschau gehalten." (GG)

Die ersten Editionen brachte Günter Graulich beim Hänssler-Verlag heraus. 1972 gründete er zusammen mit seiner Frau den Carus-Verlag. „Es war nur natürlich, dass ich meine Editionen auch praktisch erproben wollte. In der Folgezeit gab es ständig Verbindungen meiner Editionsarbeit mit dem Motettenchor. Der Chor hat davon profitiert." (GG)

Die enge Verbindung zwischen Carus-Verlag und Motettenchor lernte ich persönlich ganz unmittelbar kennen, als ich auf Vorschlag von Günter und Waltraud Graulich 1994 Mitarbeiterin im Bereich Rechte und Lizenzen beim Verlag wurde. In der kollegialen intensiven Arbeitsatmosphäre fiel es mir nicht schwer, mich nach der Methode „Learning by doing" einzuarbeiten.

5.
Das weitgespannte Repertoire des Motettenchors ist auch ein Ergebnis von Günter Graulichs Bestreben, unbekannte Schätze neu zu heben und bekannte Schätze mit angemessenem Notenmaterial zu versehen. Besonders hervorzuheben ist die Wiederentdeckung des 19. Jahrhunderts. Wir sangen von Mendelssohn, Franck, Rheinberger und Dvořák (um nur einige Namen zu nennen) nicht nur große Werke, sondern auch A-cappella-Stücke, „Schwarzbrot für den Chor", wie Günter Graulich gerne sagte. Auf der Grundlage dieser neuen Ausgaben produzierte der Carus-Verlag seit seiner Gründung auch Schallplatten mit dem Motettenchor. Manches ehemalige oder noch aktive Chormitglied wird daheim im Schrank einen Schatz an Carus-Noten hüten.

Wir Motettenchörler konnten uns beinahe wie der Chor zum Verlag fühlen – oder war es in den Anfangsjahren nicht doch eher der Verlag zum Chor? Wie dem auch sei, wir betrachteten dieses Zusammenwirken als Privileg und freuten uns über die reiche Auswahl an Musikliteratur, die wir kennenlernen durften.

Renate Osteneck, *1940 in Lüchow/Niedersachsen. Ausbildung zur Fremdsprachenkorrespondentin, Studium an der PH Osnabrück (Schwerpunktfächer Musik und Englisch), Lehrerin im Kreis Lüchow/Dannenberg, Hauptlehrerin in Lahr/Schwarzwald; lebt jetzt in Freiburg i. Br. Im Carus-Verlag von 1994 bis 2007 im Bereich Rechte und Lizenzen tätig.

Susanne Popp

Blick in Max Regers Lieder

Ich erinnere mich noch genau an unser langwierigstes Projekt, das nach schwerer Geburt ein ansehnliches Kind mit dem Namen *Blick in die Lieder* (Carus 40.777) zur Welt brachte. Warum es trotz Schönheit und Klugheit nicht zum Verlagsschlager wurde – das verstehen Günter Graulich und ich bis heute nicht.

Es begann im Herbst 1989 mit einem Besuch des Verlagsleiters im Bonner Max-Reger-Institut, bei dem ich ihm meine lange gehegte Idee einer Auswahlausgabe von Liedern Max Regers vorstellen konnte. Seit ich 1981 die Leitung des kleinen Instituts übernommen hatte, war mir neben der wissenschaftlichen Arbeit die Vermittlung des nicht auf Anhieb zugänglichen Œuvres wichtig gewesen, für die eine enge Zusammenarbeit mit Interpreten Voraussetzung war. Regers Orgelwerke waren ein Selbstläufer, und auch die Kammermusik konnte auf begeisterte Interpreten bauen, mit denen meine langjährige Kollegin Susanne Shigihara und ich Regers Forderung „Der Fall Reger muss chronisch werden" (1915) zu verwirklichen suchten.

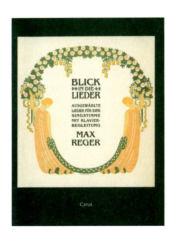

Allein die Lieder führten eine kümmerliche Existenz. Schon Regers Tod im Mai 1916 hatte einen tiefen Einschnitt gebracht, war er doch selbst sein sensibelster und unermüdlichster Liedbegleiter gewesen; danach hatten noch einige Sängerinnen und Sänger ihr im Zusammenspiel erworbenes Wissen weitergegeben; doch in den 1950er-Jahren war eine Traditionslücke entstanden, und kein Gesangsprofessor gab noch Tipps, wo seine Schüler bei dem Berg aus über 300 Liedern ansetzen sollten. In allen Phasen des Künstlerlebens entstanden, zeigen die Lieder sehr unterschiedliche Ausprägungen, aber auch Konstanten: Und zu diesen Konstanten zählt, wenig ermutigend, ihre schwere Ausführbarkeit, selbst wenn sie *Schlichte Weisen* getauft sind. Dies erschwert ein rasches Durchspielen, um eine erste Auswahl zu treffen; auch ist es wenig zielführend, die unabhängigen und doch nur in der Ergänzung sinnvollen Klavier- und Singstimmen allein zu erproben.

Bald nach dem Besuch konnte ich den Plan präzisieren: Einer Auswahl von rund 40 Liedern sollte eine ausführliche Einleitung vorangestellt werden, auch war von „optischer Anreicherung" die Rede (20.11.1989). Bei einem Treffen im Frühling 1990 – ich sehe mich noch im Wohnzimmer des Ehepaars Graulich bei Kaffee und Kuchen freundlich aufgenommen – kamen wir überein, dass das Format über Standard-Sammelbände hinausgehen, Appetit anregen und Wissenslücken füllen sollte. Das bedeutete einerseits eine besonders schöne Aufmachung mit den von Jugendstilkünstlern gestalteten Original-Titelblättern, vielen Fotografien sowie dem Farb-Faksimile einer Lieder-Handschrift; andererseits sollten zwischen den Liedern Informationen über die Dichter, die Rezeption u. a. eingestreut werden. An Stelle eines Neusatzes wurden die Erstdrucke mit notwendigen Korrekturen und kleinen Vereinheitlichungen übernommen. Für den erfahrenen Verlagsleiter Graulich muss es von Anfang an klar gewesen sein, dass die Realisierung kostspielig werden würde. Doch war es für den Reger-Freund eine Ehrensache, diesen Versuch gegen das Vergessen zu unternehmen.

Die Auswahl sollte die Vielfalt des Reger'schen Liedschaffens widerspiegeln. Er vertonte vornehmlich zeitgenössische Ausdruckslyrik, die ihm Gelegenheit bot, die „denkbar subtilste Interpretation der geheimsten lyrischen Stimmung" (1900) in Musik zu bringen. Viele Texte beinhalten den Rückzug aus der hässlichen Realität in eine Traumwelt, in der die äußere Naturstimmung Resonanz im Innenleben findet. Zudem bringt Reger „alle erdenklichen psychologischen Vorgänge" (1902) in Musik: Zorn über gesellschaftliche Konflikte in hochexpressiven Gesängen, musikalischen Humor in Liedern für Kinder und Erwachsene, Sehnsucht nach einer heilen Welt in den *Schlichten Weisen*.

Als Leistungsethiker strebte Reger danach, sich von Werk zu Werk zu verbessern. Viele Lieder wurden in seinen Konzerten deshalb bald durch neue Beiträge verdrängt. Die Ausnahmen, an denen er lebenslang festhielt, bilden unter dem Stichwort „Regers Lieblingslieder" die Grundlage des Bandes. Ergänzt werden sie durch einige besonders charakteristische Beiträge. Und schließlich sind 14 Lieder über Texte, die auch Richard Strauss, der erfolgreiche Kollege, vertont hatte, aufgenommen – als Dokumente eines musikalischen Wettstreits, in dem Strauss sich mit sangbaren Melodien überlegen zeigt, während Reger die interessantere Harmonik in die Waagschale wirft.

Die Herausgabe zog sich hin; ich erinnere mich noch an ein Treffen mit Frau Graulich am Zug in Stuttgart, um ihr auf der Durchreise einen Koffer mit den Erstdrucken zu übergeben. Damals befand sich das MRI in der wohl schwierigsten Phase seiner Existenz, in der es immer klarer wurde, dass es in Bonn nicht bleiben konnte. Seit dem Berlin-Beschluss wurde deutlich, dass sich die kulturelle Förderung in der verwaisten Hauptstadt auf die Großen konzentrieren sollte – auf Beethoven, neben dem selbst ein Robert Schumann ein Schattendasein führte, von Reger ganz zu schweigen. Günter Graulich verfolgte den Kampf ums Überleben mit großer Empathie und sagte uns seine Unterstützung zu, als er von Gesprächen mit dem baden-württembergischen Wissenschaftsministerium in Stuttgart erfuhr. Zusätzliche Verhandlungen in Karlsruhe ließen unser Projekt nur langsam vorankommen. Als im Sommer 1995 das doppelte Ziel – Liederband und Umzug – in Sicht war, konstatierte Graulich: „Hat die Fertigstellung auch unzumutbar lange gedauert, so hat sich das langsame Wachsen nach unserem Dafürhalten für den Band und seine Ausstattung gelohnt" (19.8.1995).

Wenige Tage, nachdem das Max-Reger-Institut am 31. Januar 1996 in Karlsruhe eingeweiht worden war, übersandte er den soeben erschienenen Liederband und gratulierte dazu, „daß das Reger-Institut nunmehr einen Platz gefunden hat, wo es mehr geschätzt und besser gefördert wird." Auch die größere Nähe zu Stuttgart sei von Vorteil: „Wir sind dankbar für die Verbindung und hoffen noch auf viele Früchte. Der Liederband ist ein Kleinod unter unseren Editionen. Wir sind sicher, daß er die ihm gebührende Anerkennung finden wird." (9.2.1996). Diese Prognose ist bis heute nicht in Erfüllung gegangen, auch wenn immer wieder Sänger und Gesangspädagogen Interesse zeigten und mit der wunderbaren CD-Einspielung von Andreas Weller und Götz Payer 2006 der klingende *Blick in die Lieder* im Carus-Verlag erschien.

Auf weitere Früchte der Zusammenarbeit jedoch können wir stolz sein: Die *Hybrid-Ausgabe von Werken Max Regers* geht bereits in die zweite Runde und widmet sich nach Abschluss des ersten Moduls der Orgelwerke nun den Liedern und Chören.

Vier Wissenschaftler des Max-Reger-Instituts werden in der täglichen Auseinandersetzung neue Erkenntnisse und viel mehr Informationen bringen, als sie der Band leisten konnte. Den Einstieg in unbekanntes Gebiet erleichtert der Band noch immer, den ich vor allem als Dokument unserer Freundschaft würdige: Günter Graulich hat ihn mit selbstlosem Engagement befördert und die Entstehung in einer für das MRI schweren Zeit mit Optimismus begleitet. Im Jubiläumsjahr 2016, in dem Regers Werke allerorts aufgeführt werden, können wir die Hoffnung hegen, dass auch die Lieder und damit der Liederband eine kleine Renaissance erleben werden.

Günter Graulich, Susanne Popp mit ihrem Ehemann

Susanne Popp studierte Musikwissenschaft, Mathematik und Pädagogik in Bonn und leitet seit 1981 das Max-Reger-Institut, anfangs in Bonn, seit 1996 in Karlsruhe. Sie veröffentlichte kommentierte Brief-Ausgaben, zahlreiche Aufsätze zu Regers Leben und Schaffen, das *Verzeichnis der Werke Max Regers und ihrer Quellen* (2010) sowie die Biographie *Max Reger – WERK STATT LEBEN* (2015). Ihre Forschungstätigkeit verbindet sie mit Musikvermittlung durch Gesprächskonzerte und Ausstellungen.

Feiern bei Carus

Die Gebelsbergstraße 34 B feiert

Mitarbeiterinnen der Auslieferung bei der Feier zur Verleihung des Bundesverdienstkreuzes an den Jubilar

Vor Speis und Trank im Wohnzimmer der Gebelsbergstraße 34 B

Carus-Chor beim Ständchen für den Jubilar

Bei Carus heißt feiern auch immer Singen. Sebastian Hammelsbeck, Isabelle Métrope und Emanuel Scobel.

Hans-Christoph Rademann

Herr Graulich und der Dresdner Kammerchor

Meine erste Erinnerung an den Jubilar geht auf ein Konzert des Stuttgarter Motettenchores zurück, welches ich in Schwarzenberg im Erzgebirge, in meiner Heimat, gehört habe. Damals war an die Wiedervereinigung noch lange nicht zu denken. In der wunderschönen Sankt-Georgenkirche hörte ich ein Chorkonzert unter Günter Graulichs Leitung und folgte später mit Aufmerksamkeit den für mich interessanten Gesprächen, die sich an das Konzert im Kreise meiner Familie anschlossen – mein Vater war über 30 Jahre Kirchenmusikdirektor in Schwarzenberg –, und bei dieser Begegnung nach dem Konzert erfuhr ich das erste Mal vom Carus-Verlag.

Zu dieser Zeit studierte ich Dirigieren in Dresden und interessierte mich insbesondere für Musikstücke, die ich noch nicht kannte. Zu diesen gehörte der *Cantus Missae* von Rheinberger, der in diesem Programm gesungen wurde. Sowohl mein Vater als auch ich haben die Anregung durch dieses Konzert aufgegriffen und das Werk später mehrfach erklingen lassen. Schon damals hatte ich mich für das Wirken von Helmuth Rilling interessiert und fand es anregend, einen Stuttgarter kennenzulernen. Die Kontakte in den Westen Deutschlands waren ansonsten auf musikalischem Gebiet eher rar.

Mein zweites Zusammentreffen mit Günter Graulich fand im Jahre 1997 im Umfeld des Kammerchorwettbewerbes Marktoberdorf statt und sollte nicht ohne Folgen bleiben. Nach einem Chorkonzert innerhalb des Wettbewerbes, bei dem der Dresdner Kammerchor unter meiner Leitung den ersten Preis gewann, sprach mich Herr Graulich an und wollte gerne mit dem Dresdner Kammerchor und mir CD-Projekte verwirklichen. Er sagte sofort, dass er – natürlich – Dresdner Repertoire aufnehmen wolle. Dazu gehörten Heinichen, Zelenka und Hasse. So wurde die Idee zu der ersten CD des Dresdner Kammerchores bei Carus geboren. Auf dem Programm stand das *Te Deum a due Chori* von Jan Dismas Zelenka und die *Missa Nr. 9* von Johann David Heinichen. Herr Graulich meinte damals, wir sollten zunächst einmal unbekannte Werke bei Carus produzieren, um einen Platz im Musikmarkt zu erarbeiten, bevor wir uns im Standardrepertoire mit der großen Konkurrenz messen könnten. Das war eine kluge und vorausschauende Überlegung. Man kann ohne Übertreibung sagen, dass, bezogen auf die alten Bundesländer, Günter Graulich der Entdecker des Dresdner Kammerchores gewesen ist. Ihm haben der Chor, und damit auch ich, viel zu verdanken.

Seitdem verbindet uns eine herzliche, freundschaftliche Beziehung, welche zwar eine geschäftliche Komponente hat, die aber immer von tiefer menschlicher Sympathie geprägt war und ist. Die große Heinrich-Schütz-Gesamtaufnahme mit dem Dresdner Kammerchor ist eine verlegerische Großtat, die auf den Weitblick des Jubilars verweist. Wichtig ist dabei, dass viele der aufgenommenen Werke als Grundlage die bei Carus erschienenen Editionen haben. So entstehen immer wieder Aufnahmen und Notenmaterial fast gleichzeitig. Dies ist einzigartig auf dem Markt und hat Carus zu dem großen Erfolg geführt. Ich kann die Partituren kaum zählen, die von Günter Graulich herausgegeben worden sind und die ich studiert habe, um sie als klingende Musik wiederzugeben.

Meinen Wechsel nach Stuttgart in das Amt des Akademieleiters der Internationalen Bachakademie hat Günter Graulich mit herzlicher Anteilnahme begleitet. Ich bewundere seinen Fleiß und sein enormes Arbeitspensum ebenso wie seinen Humor und seine Freundlichkeit. Mit dem Carus-Verlag hat er ein gigantisches Lebenswerk vollbracht.

Zum 90. Geburtstag wünsche ich vor allem Gesundheit, Gottes Segen und weiterhin ein erfülltes, beglückendes Leben im Kreise seiner Familie!

© Int. Bachakademie

Der Dirigent **Hans-Christoph Rademann** ist ein vielseitiger Künstler, der sich der Aufführung und Wiederentdeckung Alter Musik wie der Uraufführung und Pflege Neuer Musik widmet. 1985 gründete er den Dresdner Kammerchor und formte ihn zu einem internationalen Spitzenchor, der bis heute unter seiner Leitung steht. Regelmäßige Gastdirigate führen ihn zu namhaften Chören und Orchestern im In- und Ausland. Seit 2013 ist Hans-Christoph Rademann der Akademieleiter der Internationalen Bachakademie Stuttgart. Als Professor unterrichtet er an der Musikhochschule in Dresden.

Uwe Renner

Raumfüllende Präsenz

Ein besonderer Tag im Verlag … Außergewöhnlich, weil es nicht an jedem eine Besprechung von solch großer Tragweite und mit später so nachhaltigen Spuren wie diese gibt: Hohe Köpfe von öffentlich-rechtlichen Sendern sitzen mit den involvierten Leuten vom Verlag und wichtigen Impulsgebern etwas zusammengepfercht in einem eigentlich zu kleinen Raum und machen sich erste, konzeptionelle Gedanken über etwas, das später als „Liederprojekt" auf und in die Welt kommen und seine weiten Kreise ziehen soll.

Gründungsversammlung „Liederprojekt", 2009 in Stuttgart. Dagmar Munck[1], Monika Beez[1], Dorothea Enderle[1], Cornelius Hauptmann, Sonja Neubrand[1], Günter und Johannes Graulich[2], Adelheid Dücker[2], Iris Pfeiffer[2], Sven Cichowicz[2]
([1] SWR, [2] Carus-Verlag)

Dabei müssen nun, in den frühen Jahren des neuen Jahrtausends, auch Fragen geklärt werden, die in der Anfangszeit des Verlags, bei entsprechenden historischen Runden in der Gebelsbergstraße, sozusagen im Wohnzimmer der Graulichs, noch gar kein Thema sein konnten, z. B.: Welche passenden Domains sind noch frei, was kann man „belegen"? Und beim Bedenken solch neumodischer Fragen ereilt mich als IT-Mensch der Ruf aus dem Besprechungsraum, ein paar der angedachten Namen zu checken.

Mit dem Ergebnis in der Hand betrete ich den von wuselnder Betriebsamkeit erfüllten Raum. Kaum jemand scheint von mir Notiz zu nehmen, als ich mir den Weg von der Tür bis zum Empfänger meiner Ergebnisse am anderen Ende des Raums bahne. Diese Strecke ohne Aufsehen zu bewältigen, ist angesichts der fast 2 m Länge im aufgerichteten Zustand keine einfache Sache. Aber, angesichts der im Moment meines Eintretens etwas unübersichtlichen, weil aus mehreren Diskussionszellen bestehenden Gesamtlage, ist es kein größeres Problem, und ich bin darüber auch gar nicht verwundert. Bin eher froh, die kreativ-chaotische Stimmung und die irgendwie schon im Raum greifbare Atmosphäre einer Art Geburtsstunde durch mein Eintreten nicht über Gebühr zu stören. Am anderen Ende angekommen, überreiche ich meinen Zettel, gebe noch mit gedämpfter Stimme ein paar ergänzende Infos weiter, als sich die Situation im Raum durch ein mir noch lange in Erinnerung bleibendes Ereignis total verändert: *Günter Graulich öffnet die Tür und betritt den Raum.*

Nein, er betrat ihn damals nicht einfach, das wäre verkürzt dargestellt! Vom anderen Ende des Raums konnte ich die Wirkung seines Eintretens sehr schön beobachten und war beeindruckt: Wie anders war die Auswirkung des Raum-Betretens bei ihm im Vergleich zu meinem wenige Minuten zuvor! Es war erstaunlich: In seltsam entgegengesetzter Proportionalität zu meiner körperlichen Ausdehnung und meinem dabei doch eher wirkungsmäßig folgenlosen Erscheinen füllte er mit seinem Eintreten den Raum schlagartig komplett aus. Ein mit deutlicher Stimme und strahlendem Lächeln in der weit geöffneten Tür – den Griff noch in der Hand – vorgebrachtes „Guten Morgen!" zog mit sofortiger Wirkung alle Aufmerksamkeit auf sich. Dabei war die implizite Botschaft dieses „Guten Morgen!" eben offenbar viel mehr als nur eine Begrüßung. So vieles schwang unübersehbar darin mit: Freude, so viele Menschen zu sehen, die eben nicht zufällig im Verlag waren, sondern an einem wichtigen Projekt mitwirkten und aus eben diesem Grunde versammelt waren. Auch eine Art ermutigender Optimismus lag in diesen beiden schlichten Worten, die positive Erwartung, dass hier etwas Gutes, Großes passiert. Und dazu noch die Freude darüber, ja geradezu das Vergnügen daran, selbst ein Teil dieses Geschehens zu sein.

Vor allem diese Freude über sämtliche Anwesende, diese wirklich schon im Augenblick der Begrüßung effektiv erfolgende Begegnung mit allen im Raum versammelten, von denen sich irgendwie jeder sofort persönlich angesprochen fühlte, ist so typisch für die gewinnende Art Günter Graulichs, wie ich sie selbst erfahren und in vielen einschlägigen Begegnungen mit anderen Leuten in ihrer Wirkung erleben konnte.

Mit Günter Graulich fasst man Mut, neue Dinge anzugreifen. Sein Vertrauen ehrt, fordert und ermuntert zugleich. Man fühlt sich von ihm als Person interessiert wahrgenommen, spürt die Achtung, die sich sofort in einem subtilen Gefühl der Option auf eine gemeinsame, erfolgreiche Zukunft manifestiert. Und im Unterschied zu vielen anderen erfolgreichen Menschen, bei denen man intuitiv spürt, dass die ausgedrückte Ehrerbietung und der Bedacht auf eigenen Vorteil in einer selbstoptimierten und dadurch wieder entwertenden Korrelation stehen, erlebt man bei Günter, wie angenehm anders das sein kann: Diese Wertschätzung hängt bei ihm offensichtlich nicht vom sogenannten Stellenwert einer Person ab – ob man im Verlag Konzepte schnitzt oder die Räume pflegt: Die besondere, wie beschrieben positiv herausfordernd wertschätzende Begegnung mit Günter Graulich ist gewiss. Raumfüllende Präsenz der angenehmen und motivierenden Art, auch in der kleinen, persönlichen Begegnung, unabhängig von Rang und Namen.

Johannes Graulich, Friedhilde Trüün und Uwe Renner bei der Verleihung des Deutschen Musikeditions-Preises *Best Edition* 2010 für *SingSangSong* (CV 24.012). Für diese Edition hat Uwe Renner einen Workshop-Film produziert.

Uwe Renner studierte Luft- und Raumfahrttechnik an der Uni Stuttgart. Gründete 1994 die IT-Firma *r-plex* in Weil im Schönbuch. Langjähriger Mitarbeiter und Berater von Carus – von der ersten ISDN-Karte in Vor-Internet-Zeiten 1996 bis zu Datenmodellen für gute Musik in den Tagen globaler Vernetzung.

Jochen Reutter

Es war im Januar 1990 …

Es war im Januar 1990, ich stand gerade mitten in meinem Rigorosum, als eines Abends das Telefon bei mir klingelte und sich ein Herr Günter Graulich vom Carus-Verlag in Stuttgart einstellte. Der Name Günter Graulich war mir schon damals nicht unbekannt, hatte ich doch als Chorleiter immer wieder Noten vom Carus-Verlag bezogen, darunter auch das *Gloria* von Antonio Vivaldi, herausgegeben von Günter Graulich, das 1982 auf dem Programm meines ersten größeren Chorkonzertes stand. Umso erfreuter, aber auch erstaunter war ich, als völlig unerwartet dieser schon damals hochverdiente Gründer des Carus-Verlages bei mir anrief.

Nachdem er mir kurz erklärt hatte, wie er an meine Telefonnummer gekommen war, trat er mit dem Anliegen an mich heran, Vorworte zu einer Reihe Mozart'scher Kirchenwerke zu schreiben, die er damals in einer Koproduktion mit dem Bärenreiter-Verlag in Kassel herauszugeben gedachte. Ich war über diese Anfrage zwar etwas überrascht, sagte aber spontan zu. Freilich mussten zunächst meine noch ausständigen Rigorosumsprüfungen über die Bühne gehen, doch bereits vier Wochen später machte ich mich an die Arbeit.

Das Telefonat an jenem Januar-Abend blieb aber nicht bei diesem Anliegen stehen. Günter Graulich interessierte sich für mein Tun als Musikwissenschaftler und als Kirchenmusiker. Bald waren wir beim Thema meiner gerade abgeschlossenen Dissertation über die Kirchenmusik von Franz Xaver Richter. Ein Thema, das Günter Graulich sofort mit aufmerksamem Ohr verfolgte, stand doch katholische Kirchenmusik des 18. Jahrhunderts in seinem Verlagshaus schon seit längerer Zeit im Brennpunkt, zumal auch solche von weniger bekannten Komponisten. Und von Richter hatte der Carus-Verlag damals schon eine Messe im Programm.

Dass Musikverlage sich um Werke abseits des Mainstreams bemühen, war schon in den 90er-Jahren des letzten Jahrhunderts eine Seltenheit. Und dass ich in Günter Graulich hier einen mehr als nur formell interessierten Gesprächspartner fand, war auch für mich Grund genug, die gerade so zart angeknüpften Bande zu pflegen.

Spätestens als ich im April 1990 Mitarbeiter im von Ludwig Finscher ins Leben gerufenen Forschungsprojekt *Geschichte der Mannheimer Hofkapelle* bei der Heidelberger Akademie der Wissenschaften wurde, rückte neben Franz Xaver Richter auch die Musik der anderen kurpfälzischen Hofmusiker ins Zentrum meines Tuns. Schon aufgrund meiner Dissertation lag es nahe, dass das Thema Kirchenmusik am Mannheimer Hof zu einem meiner Tätigkeitsfelder im Forschungsunternehmen werden sollte. Daneben wurde ich von Professor Finscher mit der Initiierung der Editionsreihe *Musik der Mannheimer Hofkapelle* betraut. Mir war von Anfang an klar, dass wir hierfür die Kompetenz eines Musikverlages brauchten, der innovativ und mutig genug war, sich mit uns auf diesen noch vergleichsweise wenig beackerten Weg zu begeben. In zahlreichen Diskussionen brachte ich damals immer wieder den Carus-Verlag ins Gespräch, für den man sich schließlich auch entschied.

Freilich waren im Laufe der ersten eineinhalb Jahre erst einmal grundlegende Arbeiten im Projekt zu verrichten. Doch mit dem Mozart-Jahr 1991 kamen besondere Aufgaben auf die noch junge Forschungsstelle zu. Es galt den mehrtägigen Kongress *Mozart und Mannheim* auszurichten samt musikalischem Rahmenprogramm, das kirchenmusikalische Konzert oblag meiner Obhut, und für diese Gelegenheit konnte ich u. a. eine große Messe von Ignaz Holzbauer ihrem über 200-jährigen Archivschlaf entreißen. Schon ein erster Blick in die erhaltenen Originalstimmen der Mannheimer Hofkapelle zeigte, dass es sich um eine repräsentative Komposition handeln musste. Für die musikalische Darbietung konnte ich meinem Studienfreund Jürgen Rettenmaier und die von ihm wenige Jahre zuvor gegründete *Camerata vocale Günzburg* gewinnen. Als Orchester konnte das *Kammerorchester Ulmer Studenten* engagiert werden, das ebenfalls unter der Leitung eines ehemaligen Studienfreundes, des Geigers Michael Wieder, stand. Die erste Wiederaufführung stieß allseits auf eine so große Resonanz, dass wir mit Professor Finscher spontan beschlossen, die *Missa in C* von Ignaz Holzbauer zum Opus 1 unserer neuen Editionsreihe *Musik der Mannheimer Hofkapelle* zu machen.

Höchst erfreut berichtete ich Günter Graulich davon und konnte ihm schon wenige Wochen nach der ersten Wiederaufführung einen Konzertmitschnitt zukommen lassen. Seine mit unbeschreiblicher Begeisterung ausgesprochene Reaktion klingt mir noch heute im Ohr: „Die Holzbauer-Messe ist grandios!" – Ein anerkennenderes Urteil seitens des Verlages konnte man sich kaum vorstellen. Es begann eine Reihe von Besuchen im Verlag, bei denen ich nicht nur viel für mein Fachwissen profitieren konnte, sondern Günter Graulich und seine Frau Waltraud auch persönlich als überaus liebenswürdige Menschen kennenlernen durfte. Dabei wurde viel besprochen, manchmal auch durchaus kontrovers, aber immer konstruktiv um das eine oder andere Detail gerungen, alles in einer herzlichen Atmosphäre, die mir viel für mein späteres Leben mitgegeben hat.

Bis zur Veröffentlichung von Holzbauers *Missa in C* sollte es noch bis ins Frühjahr 1995 dauern, als das Werk schließlich als Band 1 der Denkmälerreihe *Musik der Mannheimer Hofkapelle* auf der Frankfurter Musikmesse mit einer Feier am Carus-Stand vorgestellt werden konnte. Aus der fruchtbaren Zusammenarbeit zwischen der Heidelberger Forschungsstelle und dem Carus-Verlag war ein repräsentativer Band geworden, der sich als würdige Eröffnung der neuen Denkmälerreihe sehen lassen konnte. Das Opus wurde bei der Präsentation auf der Musikmesse von zahlreichen Besuchern und geladenen Gästen bestaunt, darunter unser Forschungsstellenleiter Prof. Dr. Ludwig Finscher, Vertreter der Heidelberger Akademie der Wissenschaften, Vertreter der Frankfurter Presse und Kollegen anderer Musikverlage.

Günter Graulichs Interesse an der Mannheimer Hofkirchenmusik war schon nach dem ersten Anhören der Holzbauer-Messe erheblich gewachsen, und wir überlegten, was wir in der Zwischenzeit, noch vor Fertigstellung des ersten Mannheimer Denkmälerbandes, bereits an weiteren Schritten unternehmen könnten. Ich konnte ihn für ein frühes *Te Deum* von Franz Xaver Richter begeistern, das ich selbst während meiner Doktorandenzeit schon zweimal aufgeführt hatte und für das sich inzwischen auch mein Studienfreund Jürgen Rettenmaier mit seiner *Camerata vocale Günzburg* interessierte. Für ein zweites, die Kapazität der CD ausfüllendes Werk war ich gerade im Rahmen meiner Beschäftigung mit Mozarts Credo-Vertonungen und ihrem Umfeld auf ein ebenso rares wie klangprächtiges Werk gestoßen, die *Missa a due Chori* des Salzburger Hofkapellmeisters Johann Ernst Eberlin. Im oberösterreichischen Benediktinerstift Kremsmünster hatte sich von diesem Werk eine Stimmenhandschrift erhalten, nach der wir die Partitur editorisch vorbereiten und mit Hilfe einiger Chormitglieder modernes Aufführungsmaterial erstellen konnten. Nachfragen von Chorleitern, die die beiden Werke auf der CD kennengelernt hatten, führten schon bald zu einer Edition im Carus-Verlag. Ein weiterer Schritt in der Zusammenarbeit mit Günter Graulich und dem Carus-Verlag hatte seinen Abschluss gefunden.

Auch für die Holzbauer-Messe, zu der Günter Graulich neben der Denkmäler-Ausgabe in Partitur sogleich komplettes Aufführungsmaterial für die Praxis erstellen ließ, hatten wir eine CD-Aufnahme ins Auge gefasst. Nach der erfolgreichen Einspielung des *Te Deum* von Richter und der Messe von Eberlin brachten wir wiederum eine Aufnahme durch die *Camerata vocale Günzburg* und die *Johann-Christian-Bach-Akademie* Köln ins Spiel. Auch auf diese CD kam ergänzend ein zweites Werk hinzu: die geistlichen Kontrafakta der drei Chöre aus Mozarts Musik zu dem Schauspiel *Thamos, König in Ägypten*. Von der Sakralfassung hatte sich in Prag eine zeitgenössische Stimmenabschrift gefunden, zu deren Edition mich Günter Graulich noch im letzten Jahr meiner Heidelberger Zeit ermuntert hatte.

Es war spannend, diese grandiosen Chorwerke nun in ihrer geistlichen Version hören zu können. In ihrer weltlichen Fassung war den *Thamos-Chören* kein langes Leben beschieden, da die Schauspielmusik des schwachen Librettos wegen beim Publikum durchgefallen war. Schon zu Mozarts Lebzeiten wurde sie „unter die verworfenen Stücke" gezählt, so dass der Komponist sich nichts sehnlicher wünschte, als sie „nur blos der Musik wegen" aufzuführen – so Mozart im Brief vom 15. Februar 1783 an seinen Vater. Die geistliche Kontrafizierung sicherte wenigstens den drei Chören ein Überleben im kirchenmusikalischen Bereich, für den sie heute in der Ausgabe des Carus-Verlages wieder zur Verfügung stehen.

Die Edition der *Thamos-Chöre* war zugleich meine letzte Edition für den Carus-Verlag, bevor ich im Sommer 1996 Heidelberg verließ und mich nach Wien begab, um dort die Redaktionsleitung der Wiener Urtext Edition zu übernehmen. Doch mit Günter Graulich und seiner Frau Waltraud verbindet mich seit unseren ersten Begegnungen über Jahre und räumliche Entfernungen hinweg bis heute eine tiefe nicht nur fachliche, sondern auch menschliche Freundschaft, für die ich äußerst dankbar bin und der ich von Herzen nur ein „ad multos annos" wünschen kann.

Jochen Reutter, *1958 in Sprendlingen/Rhh. Studium der Schulmusik, Musikwissenschaft, Klassischen Philologie und Lateinischen Philologie des Mittelalters und der Neuzeit an der Musikhochschule Heidelberg-Mannheim und an den Universitäten Mannheim und Heidelberg. 1983 Staatsexamen, 1990 Promotion mit der Dissertation *Studien zur Kirchenmusik Franz Xaver Richters*. 1990–1996 Wissenschaftlicher Mitarbeiter im Forschungsprojekt Geschichte der Mannheimer Hofkapelle der Heidelberger Akademie der Wissenschaften. Seit 1996 Redaktionsleiter der Wiener Urtext Edition. Publikationen u. a. zur Mannheimer Hofkapelle, Franz Xaver Richter, W. A. Mozart, zur Editions- und Aufführungspraxis; historisch-kritische Noteneditionen.

Günter Graulich: der Redner

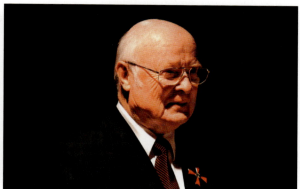

Günter Graulich: Träger des Bundesverdienstkreuzes

Earl Rosenbaum

For Günter Graulich at 90

Could not a life of learning, imparting and of teaching
satisfy most fully the urge and need for reaching
children, bright of hope, tomorrow's promise to redeem?
Yes, such rewarding life, demanding, surely does it seem
would reap one's finest efforts, a spark that would but kindle
knowledge and experience, that future may not dwindle.

Yet Günter Graulich heard a call – a denizen of Venice –
il Prete Rosso beckoned, and thus you, eager, found the premise,
your true calling, inspired by one, a teacher and musician, too –
the printer's ink, composers' phrases thus changed your life anew.
Soon classroom vied with specks ensconced between some fine black lines –
Gloria was destined not to stand alone, unique, one of a kind.

Now many of your precious, dear editions issue from our happy throats
to reach the hearts and souls of those receptive to their splendid notes.
The world (and I) rejoice in throngs, in thanks of boundless measure –
you've given gifts both heard and seen, a spiritual pleasure,
and touched us, ever, with your music and vitality in many ways –
Happy Birthday Günter Graulich, ours at 90, this most blessed day!

Earl Rosenbaum, Studium der Musikwissenschaft an der California State University, Fullerton (1970–74) und an der University of Illinois (1974–77). Seit 1979 wohnhaft in Stuttgart. Bis 1993 für das Amerikanische Rote Kreuz und anschließend bis 2016 im Lektorat des Carus-Verlags tätig. Mitwirkung in verschiedenen Stuttgarter Chören, u. a. im Markusvokalensemble und der Stuttgarter Kantorei; zur Zeit Mitglied des Ludwigsburger Motettenchors.

Hans Ryschawy

Was mir Herr Graulich erzählt'

1991 bewarb ich mich als frischmagistrierter Musikwissenschaftler beim Carus-Verlag. Verlags-, geschweige denn Editionskenntnisse besaß ich keine, nur über Büroarbeit wusste ich etwas Bescheid. Ich hatte eine Bewerbungsmappe mit von mir verfassten Programmtexten und selbst gestalteten Plakaten als einzige Belege für eine praktische Anwendung des von mir studierten Fachs dabei. Dies interessierte jedoch beim Bewerbungsgespräch mit der Verlegerfamilie Graulich nicht, man stellte mich als ersten Lektor des Verlages ein.

Erste Edition bei Carus, veranlasst von Günter Graulich

Alles Wissen, das ich speziell für meinen neuen Beruf benötigen sollte, sei es in handwerklicher Hinsicht oder auch in der ebenso notwendigen Kür, verdanke ich in allererster Linie Herrn Günter Graulich: das Aufspüren von musikalischen Quellen und Bestellen von Reproduktionen, das Edieren von Musik und die Umsetzung in einer Ausgabe, die unterschiedliche Vorgehensweise bei Gesamt- und Einzelausgaben, grafisches Grundwissen, der Umgang mit Herausgebern, die Planung der Herstellung von Ausgaben und von CDs, Urheber- und Verlagsrecht, erste Computerkenntnisse, den Umgang mit Reprofirmen, Druckereien und Buchbindereien, mit Kundenanfragen sowie mit einem Verlagsleiter, der sich auch als Künstler versteht – neben seiner praktischen Musikausübung als Leiter des Motettenchors auch in der Gestaltung von Notenausgaben. Kurz: ein veritabler Aufbaustudiengang mit Herrn Graulich als geduldigem Dozenten, der einen vieles selbst machen ließ, sich dann dazu setzte, verbesserte und anregte und wenn der Künstler in ihm durchbrach, mit vielen Änderungen kam in allerletzter Minute (und auch noch danach). Sein aufmunternder Kommentar war dazu: „Das Bessere ist des Guten Feind".

Eine meiner ersten Arbeiten war die Fertigstellung des zweiten Bandes mit Orgelsonaten der Rheinberger-Gesamtausgabe. Damit wurde ich schnell mit einer Gesamtausgabe und deren speziellen Anforderungen vertraut und lernte das feine Auge von Herrn Graulich für grafische Gestaltung schätzen und fürchten. Ich durfte ihn bei seinen Reisen nach Liechtenstein im Zusammenhang mit der Rheinberger-Gesamtausgabe begleiten, lernte dort den Rheinberger-Archivar Harald Wanger, der mit Herrn Graulich zusammen die Rheinberger-Gesamtausgabe begründete, und seine Gattin Gertrud kennen, die ihre große Herzlichkeit auch auf mich übertrugen. Und bei den Gesprächen mit der dortigen Regierung konnte ich Herrn Graulichs hohe Kunst des Verhandelns bewundern.

Als Zauberlehrling komme ich mir heute noch vor, wenn ich an die erste Ausgabe mit Faksimileabbildungen denke, deren Betreuung mir Herr Graulich ganz allein anvertraute: Gelang es mir doch, bei aller Gestaltungsmöglichkeit in der Anlage der Ausgabe, das zweiseitige Faksimile selbst so zu platzieren, dass beim Lesen desselben gewendet werden musste. Das Ergebnis meiner Bemühungen kann am Besten kurz und bündig mit einem deftigen Begriff bezeichnet werden. Ich kann mich nicht erinnern, dass Herr Graulich mir gegenüber je diesen oder auch nur ein anderes Wort darüber verloren hat.

Auch in schlechteren Zeiten hat Herr Graulich zumindest nach außen hin Fassung bewahrt und sich bemüht, seine Sorgen zu verbergen. Das galt zumindest in der Tendenz ebenso in guten Zeiten und bei guten Leistungen. Hier war der Verleger doch im Herzen ganz Schwabe, der aber dem Leitspruch seines Volksstammes „Net g'scholte isch g'nug g'lobt" als Mensch manchmal doch zuwiderhandelte, öfter diesen auch durch ein feines Lächeln überspielte.

Den Zug zur Sparsamkeit hatte er verinnerlicht, und dieser hat sich auch bewährt. So habe ich bald gelernt, mich aus den an der Universität fröhlich gewachsenen Wolkenkuckucksheimen zu verabschieden, bei der Planung von Ausgaben auch an deren Kosten zu denken und manchmal, schweren Herzens, eben die zweitbeste Lösung zu wählen, wenn sie deutlich kostengünstiger war.

Hans Ryschawy und Günter Graulich

Und noch etwas, für mich ebenfalls Ernüchterndes, habe ich von ihm gelernt: den realistischen Blick auf den Markt. Ausgaben von unbekannten Werken unbekannter Komponisten interessieren den Markt nicht, auch wenn es Juwelen sein sollten, außer vielleicht, man würde dafür einen aufwändigen Werbefeldzug mit begleitender, erstklassiger CD-Einspielung sowie einer Medienkampagne machen. So werden x-te Doubletten von bekannten und eingeführten Werken vom Markt viel besser angenommen als unbekannte Kostbarkeiten. Eine bittere Lehre für jemanden, der sich im Innersten auch als Musikforscher versteht.

Herr Graulich lehrte mich auch den professionellen Umgang mit Enttäuschungen, sei es über abgebrochene oder stockende Projekte, die der Verlag beherzt angepackt hatte, sei es über Musikwissenschaftler, denen der wissenschaftliche Ruf und eigene Publikationen wichtiger waren als die Bürger, die sich ihnen voller Hoffnung und Finanzierungszusagen anvertraut hatten. „Damit muss man leben", war sein Kommentar; wie es in ihm zuging, war seine Angelegenheit.

Auch konnte man von ihm lernen, wie aus zunächst aussichtslos erscheinenden Situationen das Beste gemacht und in die Offensive gegangen werden kann, so z. B., dass die überraschende und schmerzhafte Kündigung der Zusammenarbeit durch einen langjährigen und wichtigen Kooperationspartner zu Konzeption und Aufbau eigener, erfolgreicher Editionsreihen führen konnte.

Unbekannte, herausfordernde und in ihren Ausmaßen noch nicht überschaubare Projekte erweisen sich häufig dann als realisierbar, wenn man, wie Herr Graulich, anpackend, risikobereit, ja visionär ist, einen guten Blick für die Auswahl der richtigen Partner hat, überzeugend und mitreißend ist, manchmal auch im richtigen Moment die notwendige Geduld aufbringt, nie jedoch das Ziel aus den Augen verliert.

Nicht alles kann vom großen Zauberer gelernt werden, obwohl er sicher dazu bereit wäre, auch dieses zu vermitteln: Charisma, Menschenkenntnis und das Geheimnis des richtigen Umgangs mit anderen sowie die gute Spürnase in Geschäftsangelegenheiten müssen einem gegeben sein. Zumindest das Stadium des Zauberlehrlings hoffe ich, dank aller seiner Bemühungen, überwunden zu haben.

In großer Dankbarkeit wünsche ich Herrn Graulich und seiner Gattin noch lange Jahre der Gesundheit, um sich am gemeinsam Geschaffenen zu freuen und miterleben zu können, wie gut die von ihnen aufgezogene Verlagspflanze weiterhin gedeiht.

Hans Ryschawy, *1953 in Rottweil/Neckar. Studium der Chemie und Physik für das Lehramt an Gymnasien in Stuttgart, nach Staatsexamen Studium der Musikwissenschaft in Tübingen. Magisterarbeit (zusammen mit Rolf W. Stoll) über den zahlhaften Aufbau von Dufays Florentiner Domweihmotette *Nuper rosarum flores*. Veröffentlichungen zur oberschwäbischen Klostermusik. Seit 1991 Lektor im Carus-Verlag.

* * *

Günter und Waltraud Graulich privat

Waltraud Graulich Waltraud und Günter Graulich Der Verleger beim Partiturstudium

Dieter Schickling

Zum 90. Geburtstag von Günter Graulich

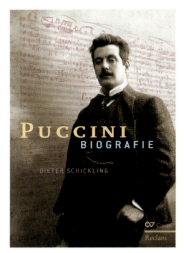

Puccini Biografie -
Carus - Reclam

Es war vor etwa fünfzehn Jahren, als mich nach einer Radiosendung über Puccinis Oper *Madama Butterfly* am nächsten Morgen ein Mitarbeiter des mir damals nur dem Namen nach bekannten Carus-Verlags anrief (es war der geradezu unglaublich verlässliche Lektor Hans Ryschawy) und mich fragte, ob ich zu einem Gespräch mit dem Chef und Eigentümer des Verlags über eventuelle Neuausgaben der Opern Puccinis bereit sei. Zunächst war ich einfach nur verwundert über ein solches Interesse. Seit vielen Jahren hatte ich mich mit den Problemen von Puccini-Editionen herumgeschlagen und beinahe schon resigniert angesichts der undurchsichtigen Rechtslage und der Besitzverhältnisse der Original-Partituren. Über allem thronte nämlich der altehrwürdige Mailänder Musikverlag Ricordi, zu dieser Zeit zwar im Besitz eines deutschen Mediengroßkonzerns, aber doch mit seiner fast zweihundertjährigen Geschichte geradezu der Inbegriff des Verlegertums auf dem Feld der italienischen Oper. Und da kam eine (mit Verlaub) kleine deutsche Firma und gedachte, die jahrzehntelange Editionsblockade eines international renommierten Verlags zu durchbrechen!

Mein erster Besuch im damaligen Zentrum des Verlags, dem privaten Wohnhaus von Günter Graulich im Stuttgarter Süden, war durchaus geeignet, mein anfängliches Staunen zu vermehren. Nicht nur zeigte er sich gut informiert über allerlei Editionsprobleme erfolgreicher Opern, obwohl seinem Verlag und auch dem von ihm gegründeten und viele Jahre geleiteten Stuttgarter Motettenchor ein solches Repertoire durchaus fremd war. Ich erläuterte die speziellen Schwierigkeiten gerade bei einer eventuellen kritischen Ausgabe von *Madama Butterfly*, angesichts verschiedener Fassungen vielleicht die heikelste unter allen Puccini-Opern. Das spornte Günter Graulich eher an, als dass es ihn abgeschreckt hätte. Bei unserem nächsten Treffen hatte er sich bereits die erste gedruckte Ausgabe der großen Dirigierpartitur beschafft – keine Ahnung woher: die drei Bände sind nicht gerade weit verbreitet, schon gar nicht in deutschen Bibliotheken. Meine Überraschung freute ihn diebisch. Er hatte inzwischen auch ganz richtig ermittelt, dass diese Ausgabe von 1907 die Grundlage einer kritischen Edition sein müsste, weil Puccini danach keine erheblichen Änderungen an der Oper mehr vorgenommen habe.

Bei aller Begeisterung für ein so ungewohntes und aufwendiges künftiges Vorhaben bewahrte Günter Graulich aber die Nüchternheit des Geschäftsmannes. Er könne sich schwer vorstellen, sagte er, dass Italien ein solches Prestige-Projekt einem deutschen Verlag überlasse. Mir war damals, am Beginn meiner Editionstätigkeit in Sachen Puccini und trotz längerer Vertrautheit mit italienischen kulturellen Verhältnissen, nicht wirklich klar, was er mit „Italien" meinte. Es sollte noch etwas dauern, bis auch ich verstand, wie Recht er hatte. Bis heute ist es nicht gelungen, die kritische Ausgabe von Puccinis Opern auf einen sicheren Weg zu bringen, schon gar nicht die besonders schwierige *Madama Butterfly*. Das liegt zwar

auch weiterhin an schwierigen Besitz- und Vertragsverhältnissen, aber vielleicht mehr noch, wie mir inzwischen scheint, an einer gewissen italienischen Abneigung, einen als nationales Kulturerbe geltenden Komponisten in einem nicht-italienischen Verlag kompetent verlegt zu sehen, selbst wenn ein italienischer Verlag dazu nicht in der Lage ist. Das hat Günter Graulich mit seiner freundlichen Skepsis früher und genauer als ich gesehen, obwohl ich mich in den Details sicher besser auskannte.

Stattdessen führte seine Innovationslust aber zu einer anderen Entwicklung, die ich zunächst überhaupt nicht im Blick hatte: Es entstanden in den folgenden Jahren kritische Ausgaben der meisten Werke Puccinis *außerhalb* der Opern, schließlich sogar als bisher einzige Bände der neu gegründeten „Edizione nazionale delle Opere di Giacomo Puccini", einem Gütesiegel der italienischen Regierung, das leider so gut wie überhaupt nicht mit finanziellen Unterstützungen verbunden ist. Damit hat der Carus-Verlag erste Schritte auf dem Weg zu verlässlichen Texten der Werke des populärsten italienischen Komponisten nach Verdi getan, sicher nicht mit Werken von größter musikalischer Bedeutung, aber von großem historischen Interesse, das „Italien" bisher nicht zu befriedigen in der Lage war, wohl aber ein nicht sehr großer deutscher Verlag im Stettener Industriegebiet von Leinfelden-Echterdingen.

Begonnen hat diese Entwicklung mit einem Gespräch Günter Graulichs vor fünfzehn Jahren, und wer weiß, wohin sie noch führen wird – vielleicht sogar zur ersten kritischen Ausgabe von *Madama Butterfly* aus dem Carus-Verlag.

Dieter Schickling, *1939 in Frankfurt am Main. Studium der Germanistik, Anglistik und Philosophie. Ab 1964 beim Süddeutschen Rundfunk Stuttgart, vor allem in verschiedenen Funktionen im Fernsehen, u. a. Leiter der Abendschau Baden-Württemberg, Produktionschef, zuletzt bis 1998 Leiter der Hauptabteilung Bildung, Spiel, Unterhaltung. Daneben vor allem Beschäftigung mit musikalischen Themen, z. B. in Büchern über Wagner und Puccini. Seit 1996 Vorstandsmitglied des „Centro studi Giacomo Puccini", Lucca, und Mitherausgeber der Gesamtausgabe der Werke und Briefe Puccinis.

Peter Schindler

Bitte no a bissle fetzig!

GG zum 90. Geburtstag am 2. Juli 2016

Lieber Günter, lucky you!

Heute vollendest du 90 Jahre deines Lebens, in anderen Worten:
Du bist seit heute 2.840.227.200 Sekunden oder 47.337.120 Minuten oder 788.952 Stunden oder 32.873 Tage oder 4696 Wochen und einen Tag alt. Wow! ...

Und wie bei einem guten alten Whiskey wirst auch du jeden Tag besser und wertvoller. Die Flasche *Macallan Fine* and *Rare Collection* von 1926 steht im Moment bei $ 75.000.

Ich denke, keine Schiffsladung voller Fässer mit diesem edlen Tropfen können deine Verdienste um die Musik und das Verlagswesen aufwiegen. Du hast Großartiges geleistet und warst dir dabei immer selber ein kritischer, anspruchsvoller, wacher und leistungsbereiter Geist, dem nur das Beste gut genug war! Viele inspirierende Momente habe ich mit dir zusammen erlebt. Manchmal waren es nur Splitter, kurze Augenblicke, manchmal auch ein längeres Gespräch oder ein schriftlicher Austausch.

Als wir zusammen das Vorwort für den *Urwaldsong* erarbeitet haben, rangen wir um treffende Worte. Das Wort „fetzig" hatte es dir angetan, das sollte unbedingt rein. Du liebtest dieses Wort und seither verbinde ich „fetzig" mit dir. Ein andermal ging es um den Titel meines Weihnachtsmusicals *Weihnachten fällt aus*. Dieser Titel war so gar nicht nach deinem Geschmack. Du meintest nur: „Wir als Verlag sind doch mittendrin im Weihnachtsgeschäft! Da können wir doch nicht diesen Titel nehmen und Weihnachten ausfallen lassen! Unmöglich!" Es wurde dann im Verlag abgestimmt, und du hast dich dem Ergebnis der Wahl gebeugt. Das fand ich nobel! Das Stück wurde mit diesem Titel veröffentlicht.

Als ich im Gloria meiner *Missa in Jazz* an einer Stelle den emotionalen Hinweis „Go wild" hinschrieb, was für die Musiker als Aufruf zum explosiven Improvisieren gedacht war, da hast du dich auch kaum beruhigen können. *DAS* war dir in deinem ganzen musikalischen Wirken noch nicht untergekommen. „GO WILD", das klang so nach Orgie, Ekstase und Sittenverfall. Und doch hast du es akzeptiert, beziehungsweise, es hat dir sogar gefallen, wie dein dir eigenes schelmisches Augenblitzen verriet. Mit „Go wild" hast du dich für immer in meinem Herz verankert. Noch heute lache ich an dieser Stelle.

Einmal kam ich nachmittags gegen 15 Uhr bei dir zuhause in der Gebelsbergstraße vorbei. Du und Waltraud wart gerade von einer langen Messetour aus Australien zurückgekommen. Du saßest da, begannst zu erzählen und beendetest den Reisebericht mit den Worten: „Und jetzt sitze ich hier und versuche, nicht müde zu werden." Da wurde mir klar, was zu einem guten und erfolgreichen Verleger noch alles gehört: Neben musikalischem Know-how nämlich auch eine überaus robuste Kondition.

Fahrten von und zu der Frankfurter Musikmesse in völlig überfüllten Zügen hast du immer in der 2. Klasse absolviert. Ich war dabei! Das soll dir ein abgekochter Jungmanager, der außer seiner Business School nichts gesehen hat, erstmal nachmachen. Und die Verhältnisse in der Gebelsbergstraße in der Anfangszeit des Carus-Verlags. Mei o mei! Auf engstem Raum hattest du ein Team um dich geschart, das mit viel Engagement und hocheffizient arbeitete. Hier herrschte Gründergeist, Können und Vision!

Die Geschichte, wie du zusammen mit deiner Frau Waltraud den Verlag gegründet hast, hast du hoffentlich in den Verlagsannalen festgehalten. Soviel hattest du immer mal wieder in launiger Runde erzählt: Dass du hunderte, wenn nicht tausende von Vivaldi-*D-Dur Gloria*-Partituren in einem Holzschuppen auf den Fildern eingelagert hattest, die nach und nach verkauft wurden und die Geschichte des Carus-Verlags mit diesem Werk sozusagen begonnen hat. Genau so wie es der Philosoph Laotse im 6. Jahrhundert v. u. Z. gesagt haben soll: „Eine Reise, tausend Meilen lang, mit einem ersten Schritt fing sie an!"

Es ist zwar ein oft überstrapaziertes Wort, aber in deinem Fall möchte ich es zu Recht anwenden: Du darfst auf das, was du geleistet hast, auf dein Lebenswerk, voller Stolz zurückblicken. Und was mich betrifft, bist du, zusammen mit deinem Sohn Johannes, ein Ermöglicher und Wegbereiter meiner eigenen Kreativität gewesen. Dafür euch persönlich und dem Carus-Verlag meinen herzlichsten Dank.

Mit einer kleinen Anekdote möchte ich abschließen. Sie wurde mir vor einigen Jahren von deinem Enkel Peter erzählt. Es war wohl eine Feier, vielleicht Fasching oder Geburtstag oder so. Die Gäste waren gebeten, verkleidet zu kommen. Du kamst zunächst unverkleidet, hast aber dann vor allen Gästen einen Purzelbaum geschlagen und verkündet: „Ich komme verkleidet als Purzelbaum."

Dieser Einfallsreichtum, dieser Witz, diese Schlagfertigkeit und diese schwäbische Sparsamkeit auf einen Punkt gebracht, das macht dir niemand nach! Schließlich hattest du ja als jugendlicher Leistungssportler und Turner den Purzelbaum abrufbereit im Repertoire.

Günter Graulich und Peter Schindler

Lieber, verehrter Günter, lehn dich entspannt zurück, freu dich des Lebens, arbeite weiter, ohne Druck, ohne Hektik, „aber bitte no a bissle fetzig!" Du hast viele inspiriert, dein Anspruch und Können wirkt in vielen Menschen nach. Und sei uns allen, solang du Lust, Kraft und Zeit hast, weiterhin ein einfühlsamer und fachkundiger Ratgeber. Das wünsche ich mir, das wünsche ich uns beiden, das wünsche ich dem Carus-Verlag!

Mit dankbaren und herzlichen Grüßen
Viva la musica!
Dein Peter

Peter Schindler spielte noch im Sandkasten und auf der Blockflöte, als Günter Graulich schon die großen Werke der Weltliteratur kannte und aufführte. Beide sind Fußballfans, beide lieben das Wort fetzig, und beide kennen das Städtchen Altensteig im Nordschwarzwald. Dort wurde Peter Schindler geboren und dort wohnte auch Hugo Rümmelin, der Schwiegervater von Günter Graulich. Peter Schindler kam 12.352 Tage später auf die Welt als Günter Graulich. Heute spielt Peter Klavier und Orgel und komponiert Stücke, die Günter verlegt.

Duck-Ja Shin

Zur Entwicklung des Notensatzes bei Carus

In 45 Jahren vom Bleistich über Notaset, Stempelverfahren zum digitalen Notensatz. In wenigen Verlagsbereichen hat die technische Entwicklung so grundlegende Veränderungen nach sich gezogen.

1. Phase: Bis 1972. Notenstich auf Bleiplatte

Der Hänssler-Verlag, dessen Notenreihen mit geistlicher Musik 1992 von Carus übernommen wurden, hat bei Siegfried Rahn, Wolfenbüttel seine Noten stechen lassen. Aus drucktechnischen Gründen wurden die Druckplatten spiegelverkehrt hergestellt.

Bleiplatten mit spiegelverkehrtem Stich   Grünfahnen-Abzug mit Korrektureintragungen

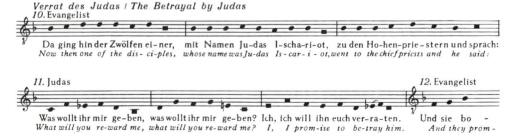

Gedruckt nach Bleiplattenstich

2. Phase: 1970 – ca. 1985. Notaset-Verfahren

Notaset-Abreibefolien auf Papier, erfunden von H. Erhart Henniger, Wiesbaden. Die erste Carus-Ausgabe mit Vivaldis *Gloria* (Carus 40.001) und weitere Ausgaben hat Reiner Knierim mit Notaset hergestellt.

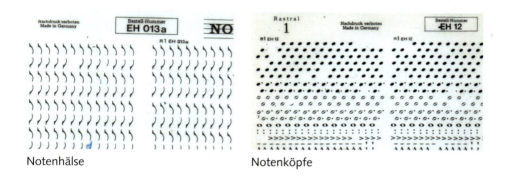

Notenhälse   Notenköpfe

Notenstich nach Notaset-Verfahren, Original-Vorlage für die Reproduktion. Carus 40.001 Vivaldi: *Gloria*

3. Phase: 1983–1998. Stempelverfahren auf Millimeterpapier

Im Jahr 1983 begann mit einem Eilauftrag für den Notenstich von Brahms' *Begräbnisgesang* (Carus 40.181) eine Zusammenarbeit mit koreanischen Notenstechern (Firmen Moonye, Pan-Music, International Music in Seoul). Die Empfehlung kam von Anton Müller, damals Leiter der Notenstichabteilung im Schott-Verlag in Mainz.

4. Phase: ab 1990. Erster Versuch digitaler Herstellung mit dem Programm „Amadeus" auf Atari-PC

Antonio Salieri, *La Passione di nostro Signore Gesù Cristo* (1776) (Carus 40.942)

5. Phase: 1992–2012. Notensatz mit dem Programm „Score" (v. a. mit Intern. Music in Seoul/Korea)

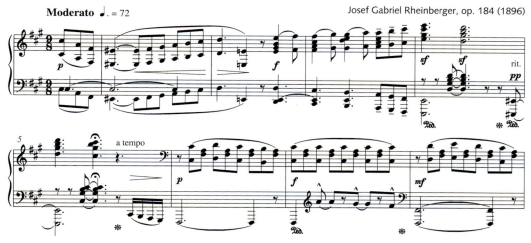

Josef Gabriel Rheinberger, *Sämtliche Werke*, Band 34, *Romantische Sonate in fis* op. 184 (in Carus 50.234)

6. Phase: seit 2013. Umstellung auf die Programme „Sibelius" (Firma City in Seoul/Korea) **und „Finale"**

aus *Chorbuch Gotteslob*, Chorleiterband, *Großer Gott wir loben dich*. (Carus 2.160/10), erstellt mit „Sibelius"

Notenherstellungsabteilung des Carus-Verlags: Duck-Ja Shin, Susanne Weiler, Nelly Kolar
Duck-Ja Shin lernte in ihrer Heimat Korea das Handwerk der Notengrafik im Stempelverfahren. Sie kam im Jahre 1987 zu Carus nach Stuttgart und leitet heute die Notenherstellung des Verlags.

Peter Thalheimer

Günter Graulich zum Neunzigsten – Persönliche Rückblicke

Ein Bericht über ein einzelnes Projekt könnte den 54 Jahren freundschaftlicher Zusammenarbeit mit Günter Graulich nicht gerecht werden. Deshalb will ich mit der Aufzählung einiger gemeinsamer Erlebnisse bei den „Zeitzeugen" Erinnerungen wecken. Alle übrigen bekommen dadurch einen Einblick in meine Zusammenarbeit mit Günter.

I. Gemeinsame Konzerte unter der Leitung von Günter

1962	Offenes Volksliedsingen mit Sätzen von F. Kühlenthal J. S. Bach, *Johannespassion* (Urfassung und Spätfassung) G. Ph. Telemann, Blockflötenkonzert F-Dur
1964	F. Kühlenthal, Schwäbische Volkslieder Schütz-Zyklus, 1. Abend
1965	Schütz-Zyklus, 2. Abend: *Geistliche Chormusik*; Schütz-Zyklus, 3. Abend: *Musikalische Exequien* F. Kühlenthal, Volksliedsätze
1966	Schütz-Zyklus, 4. Abend: *Symphoniae sacrae III* J. S. Bach, Kantaten BWV 25 und BWV 103, Schallplattenaufnahme, J. S. Bach, *Weihnachtsoratorium*
1967	Schütz-Zyklus, 5. Abend
1968	C. Ph. E. Bach, *Magnificat*; M. A. Charpentier, *Te Deum*; F. Kühlenthal, Liedsätze, Rundfunkaufnahme
1969	H. Schütz, *Auferstehungshistorie*, H. Schütz, *Weihnachtshistorie*
1970	D. Buxtehude, Kantaten; G. Ph. Telemann, Kammermusikwerke; J. S. Bach, Johannespassion
1972	H. Schütz, *Musikalische Exequien*, Konzerte und Schallplattenaufnahme
1973	H. Schütz, *Weihnachtshistorie*, Schallplattenaufnahme … und viele weitere Konzerte in den folgenden Jahren

II. Die „Hänssler-Zeit"

1965	Günter redigiert meinen ersten musikwissenschaftlichen Aufsatz und vermittelt die Veröffentlichung im *Bach-Jahrbuch* 1966.
1966	Im Wohnzimmer von Friedrich Hänssler fällt die Entscheidung für die *Stuttgarter Schütz-Ausgabe*, herausgegeben von Günter Graulich. Wir entwerfen gemeinsam die Editionsrichtlinien. Auf Vorschlag von Günter engagiert mich der Hänssler-Verlag als freier Mitarbeiter und beauftragt mich mit der Konzeption des Aufführungsmaterials, der aufführungspraktischen Hinweise in den Vorworten und der Korrekturlesung aller von Günter edierten Ausgaben.
1968	Günter gibt zusammen mit Renate Maria Kühlenthal die Volksliedsätze von Fred Kühlenthal heraus. Ein Teil der bisher unveröffentlichten Sätze wird in meiner Handschrift abgedruckt.
1968	Wir konzipieren gemeinsam die Hauszeitschrift „Hänssler-Edition". Ihr Erscheinen geht einher mit einer neuen Katalogisierung des gesamten Hänssler-Verlagsprogramms.
1975	Unsere Zusammenarbeit verdichtet sich, als ich Teilzeit-Angestellter des Hänssler-Verlages als Werbeleiter, Lektor und Produzent der Editionen des „American Institute of Musicology" werde (bis 1980).

1977 Günter und ich bearbeiten zahllose Korrekturgänge für das neue Nummernverzeichnis des Hänssler-Verlages. Dafür entwerfe ich die Erweiterung der Editionsnummern für das Aufführungsmaterial. (Diese werden noch heute bei Carus verwendet.) Zugleich wird erstmals der Satz des Verlagskatalogs korrigierbar auf Lochstreifen gespeichert.

III. Beratung in Notationsfragen, zur Instrumentenkunde und zur Besetzungspraxis

1964 Günter schenkt mir ein *Schütz-Werke-Verzeichnis* mit der Widmung „Meinem lieben Peter Thalheimer mit herzlichem Dank für Rat und Tat bei der Vorbereitung u. Durchführung des 1. Konzerts mit Werken von Heinrich Schütz / Günter Graulich und sein Motettenchor / Steinenbronn, 8.11.64". Für die Konzerte des Schütz-Zyklus plane ich die Aufstellung im Raum und die Instrumentalbesetzung.

1968 Günter bittet mich, für das Kühlenthal-Volksliedsingen und die daran anschließenden Funkaufnahmen die Instrumentation zu entwerfen sowie das Aufführungsmaterial zu erstellen.

1972 Seit der Gründung des Carus-Verlages berate ich Günter in aufführungs- und besetzungspraktischen Fragen, zum historischen und modernen Instrumentarium und zur Notationspraxis.
So entsteht z. B. der Beitrag „Hinweise zur Aufführungspraxis" im Band 7 der *Stuttgarter Schütz-Ausgabe* (*Symphoniae Sacrae I 1629*).

IV. Die „Carus-Zeit"

1972 Das *Gloria* von A. Vivaldi erscheint als erste Carus-Edition mit der Hänssler-Editionsnummer 40.001, herausgegeben von Günter. Das Aufführungsmaterial wird von mir vorbereitet und korrekturgelesen, wie bei allen Hänssler-Editionen.

1992 Mit der Übernahme der Hänssler-Editionen bekommen meine bis dahin erschienen Notenausgaben im Carus-Programm eine neue Heimat und sind weiter lieferbar.

1994 Günter produziert ein ehemals für Hänssler konzipiertes Heft mit *Neuer Choralmusik für Querflöte* im Carus-Verlag.

1995 Start der Carus-Reihe *Flauto e voce*, herausgegeben von Klaus Hofmann und mir. Bis jetzt liegen 12 Hefte vor.

1996 Günter entscheidet sich für eine (Gesamt-)Ausgabe der Werke Helmut Bornefelds. Bis 2011 werde ich mit der Herausgabe von 13 Werken betraut.

2001 Günter beauftragt mich, Vivaldis Concerti „per Flautino" für Carus zu edieren.

2006 Carus produziert das erste Heft einer Reihe *Canti con Flauto*.

2012 Günter bittet mich, zwei Bach-Kantaten für Carus zu edieren (BWV 106 und 152).

Obwohl Günter 20 Jahre älter ist als ich, hatten wir immer ein partnerschaftliches Verhältnis, auch schon, als er noch 36 Jahre jung war (und ich 16). Dafür danke ich ihm von Herzen!

Peter Thalheimer studierte Querflöte, Blockflöte und Schulmusik in Stuttgart. Seine musikwissenschaftlichen Studien schloss er mit der Promotion an der Universität Tübingen ab. Von 1978 bis 2015 lehrte er in Nürnberg, zuletzt als Professor für Historische Aufführungspraxis und Blockflöte/Traversflöte an der Hochschule für Musik Nürnberg. Konzerte und Kurse führten ihn in viele Länder Europas und in die USA. Darüber hinaus sind aus seiner Tätigkeit zahlreiche Noteneditionen sowie Publikationen zur Aufführungspraxis, zur Instrumentenkunde und zur Holzbläsermethodik hervorgegangen.

Friedhilde Trüün

Günter Graulich zum 90. Geburtstag

Ich will dich segnen und du sollst ein Segen sein   1 Mose 12,2

Lieber Günter,

es erging an mich die Bitte, an einer Dir gewidmeten Festschrift mitzuwirken. Die Bitte erfülle ich gerne, aber sie bringt mich auch in Verlegenheit. Eine Freude ist es mir, die achtzehn Jahre unserer Bekanntschaft wieder ins Gedächtnis zu rufen. Ich nehme die Gelegenheit wahr, um mich in Dankbarkeit der vergangenen Jahre mit Dir zu erinnern, in denen wir viele Gespräche, teils persönlich, teils telefonisch, geführt haben.

Wenn ich mich recht erinnere, habe ich als Jugendliche das erste Mal von Dir gelesen, als ich in Nordhorn in der Alten Kirche unter meiner damaligen Kirchenmusikerin von Johann Sebastian Bach *Ich lasse dich nicht, Du segnest mich denn* gesungen habe. Lang, lang ist's her.

Wir telefonierten im Jahr 1998 das erste Mal miteinander. Du hattest soeben eine Stimmbildung für Erwachsene verlegt unter dem Titel *Stimmfit*. Ich hatte – in Wien durch Professor Kurt Hofbauer inspiriert – die Idee einer Stimmbildung für Kinder in Form von Geschichten. So kamen wir zusammen. Wenige Wochen später standen wir uns das erste Mal persönlich gegenüber. In der Gebelsbergstraße führtest Du mich in einen Raum, an dem mich das Sofa im wahrsten Sinne tief beeindruckte, auf das ich mich setzen sollte. Hier versackte ich quasi, jedoch um dieses zu verhindern, setzte ich mich auf die vordere Kante. Das war nicht bequem, und diese Sitzposition tat meiner Aufgeregtheit keinen Gefallen. Gleichzeitig aber faszinierte mich die Atmosphäre des Raumes mit den vielen Büchern, dem geschäftigen Hintergrundtreiben von Stimmengewirr, Schreibmaschinengeklapper und Musik im Hintergrund so, dass ich mich erst mal konzentrieren musste, warum ich eigentlich gekommen war.

Ja, und dann begann der geschäftliche Teil unserer Besprechung: Du fandest die Idee gut. Das hat mich gefreut und gab mir Mut. Ich habe Dich hier als stillen Beobachter und Zuhörer erlebt und Du hast damit eine gespannte Aufmerksamkeit an den Tag gelegt, die mir ein konzentriertes Mitdenken und Deine Wertschätzung signalisierte. Um es mit Walter Jens' Worten zu sagen:

> Das Zuhören des Verlegers ist eine Kunst, die nur wenige beherrschen: Der eine redet selber zu viel und nimmt derart dem Autor die Freude am Gedankenentwurf, der zweite bremst, wo erst entwickelt werden will, der dritte döst und zeigt Gleichgültigkeit (Devise: in drei Monaten sehen die Pläne meiner Autorin eh ganz anders aus), der vierte spricht viel zu früh von Verkaufbarkeit und Auflagenhöhe, von Werbung und Pressekampagnen. [...]

Du allerdings, als der zuhörende und mitdenkende Verleger, so wie ich Dich damals und auch in den darauffolgenden Jahren erlebt habe, wurdest nie ungeduldig oder unwillig, hattest immer einen Mut machenden Satz auf den Lippen. Bei jedem Gespräch mit Dir hast Du mir immer das Gefühl gegeben: Es gibt nichts Wichtigeres in dem Moment unseres Zusammentreffens als das zu schreibende Buch. Die hohe Kunst liegt in dem Verhältnis einer produktiven Rezeption zwischen Verleger und Autor. Durch etwaige

Hierarchiestrukturen oder Allwissenheitsdenken kann schnell die Kreativität in Mitleidenschaft gezogen werden. Dem fühlte ich mich zu keiner Zeit ausgesetzt. Du machtest konstruktive Vorschläge und ich bekam immer mehr das Gefühl, dass auch Du von der Idee überzeugt warst. An einen Buchtitel hatte ich noch gar keinen Gedanken verschwendet, da meintest Du, dass wir den am Ende des Buchprozesses finden würden. Das erschien mir wiederum viel zu spät – Du solltest Recht behalten. Auch wurde über eine Honorarvorstellung gesprochen. Aber zu dem Zeitpunkt war ich so froh darüber, dass Du meine Idee in die Tat umsetzen wolltest. Ich dachte damals wirklich, eigentlich *Dir* dafür Geld geben zu müssen und nicht umgekehrt. Diesen Gedanken habe ich allerdings für mich behalten!

Du hast mir mit dieser Aufgabe und Deinem Vertrauen mir gegenüber, diese Aufgabe bewältigen zu können, eine große Tür geöffnet. Ob Dir das klar war zu dem Zeitpunkt, als ich als Kirchenmusikerin aus dem Norden kommend, im Schwabenland Fuß fassend, auf Deinem Sofa saß? Mir nicht, ganz und gar nicht.

Aber eine Sache war von vornherein klar, hier musste gearbeitet werden nach dem Motto „de nihilo quoniam fieri nihil posse videmus", was in mein vertrautes Plattdeutsch übersetzt heißt: „Van nix kump nix.". Wir sind so verblieben, dass ich Dir in den kommenden Wochen eine Beispielgeschichte liefern sollte. Du nanntest mir den Namen einer Lektorin, die, auch aus dem Norden kommend, bei Dir im Haus arbeitete. Das empfand ich als Luxus. Und wieder dachte ich, auch für dieses Angebot Dir etwas zahlen zu sollen. Das alles hat mich nicht abgeschreckt. Im Gegenteil. Beglückt über unser erstes Treffen, machte ich mich an die Arbeit. Dass diese dann sich als sehr zeitaufwändig erwies, war mir bei unserem ersten Gespräch nicht klar. Die Struktur stimmte einfach nicht. Wir fanden keinen gemeinsamen Nenner. Ich kam nicht voran. Dann wurde auch noch die Lektorin schwanger. Aber Du warst es, der mir immer wieder Mut machte, dran zu bleiben, nur nicht aufzugeben.

Genau diese Kunst, an einem Projekt, für das man brennt, unermüdlich dran zu bleiben, hast Du in Deinem Leben so mannigfaltig bewiesen, ja geradezu kultiviert. Das hat Dich nicht verbittert oder ungnädig werden lassen, im Gegenteil: Weise und gnädig hat es Dich gemacht. Und das ist ein Segen. Denn aus diesem guten Geist entstanden und entstehen bis heute immer wieder neue gute Geister, die Du wiederum ins Haus geholt hast, um wieder neue Ideen auszuführen. Du konntest zuhören, auf Menschen eingehen und spüren, wie man Fähigkeiten entfalten kann. Deine einfache, ungespielte Herzlichkeit überzeugte mich sofort. Aus unserem zögerlichen Anfang entstanden weitere Bücher, die ich als Autorin und eines als Herausgeberin mitgestalten durfte. Und es macht mich – gerade jetzt beim Reflektieren des Geschaffenen – stolz, in Deinem Haus mitzuwirken.

Kurz vor der Jahrtausendwende sah ich Dich nach Monaten völlig verschlankt wieder. Ich fragte Dich, ob Du erkrankt seist. Du meintest daraufhin, dass Du ohne überflüssige Pfunde über die Millenniumsgrenze gehen möchtest. Das hat mir sehr imponiert. Und Du bist mit Waltraud in die Kur gefahren. Auch hier spürte ich wieder Deine unbändige Energie des Wollens, Könnens und Machens. Hier bist Du bis heute ein großes Vorbild!

Bei einigen unserer Treffen ließest Du Deine Sorge um Deine Nachfolge immer wieder verlauten. Diese konntest Du im Kreise Deiner Familie wunderbar lösen. Das Lektorat wanderte von der Gebelsbergstraße nach Stetten, das bedeutete, dass es ruhiger wurde in dem umtriebigen Haus der Graulichs. Steht das kuschelige Sofa noch an der Stelle?

Auch ich fühle mich Deiner „Familie" zugehörig. Mit der einst schwangeren Lektorin verbindet mich heute eine wunderbare Freundschaft. Und der Knabe, der damals auf die Welt kommen sollte, ist heute mein Patensohn. Dein Haus ist eine Familie, die mittlerweile eine Großfamilie geworden ist.

Wenn ich mir überlege, was mich am meisten fasziniert, so ist es Dein unbeirrbarer Optimismus, mit dem Du immer wieder neue Projekte in die Welt gesetzt hast. Die Erfolge, die Du in Deinem Verlag erzielen konntest, haben Dich nicht saturiert, sie haben Dich nicht zum „Big Boss" werden lassen, der selbstherrlich hinter seinem Schreibtisch auf die Erfolge wartet, die andere für ihn einfahren. Im Gegenteil, Du hast immer wieder Neues entwickelt und in der wunderbaren Zusammenarbeit mit Waltraud, Deiner Frau, habt ihr segensreiche Arbeit geleistet für die gesamte Kirchenmusik und hier insbesondere eben auch für die kirchliche Kinderchorarbeit. Und diese gute Tradition wird Gott sei Dank weiter geführt durch Johannes.

Lieber Günter, sei herzlich beglückwünscht zu diesem Deinem erfolgreichen Leben, das nun zu Deinem 90. mit dieser Festschrift gekrönt werden wird. Nun wünsche ich Dir und Waltraud einen gnädigen Lebensabend. Möge auch dieser so segensreich sein wie Dein ganzes Leben.

Du bist ein Segen und sollst gesegnet sein,
Deine Friedhi

Friedhilde Trüün, Honorar-Professorin an der Hochschule für Kirchenmusik in Tübingen und Dozentin an der Hochschule für Kirchenmusik in Heidelberg, Leitung der Kinderchöre jeweils an beiden Hochschulen sowie Konzeption und Leitung von SingBach- und SingRomantik-Schulprojekten, Kantorin, Gesangspädagogin, Autorin, lebt in Tübingen.

Meinrad Walter

Freiburg – Stuttgart
Die schwäbisch-badische Achse für kirchenmusikalische Notenausgaben

Präludium: andante, con spirito

An den Subskriptionsaufruf für ein *Freiburger Chorbuch* erinnere ich mich noch genau. Die Postkarte für Bestellungen lag den *Kirchenmusikalischen Mitteilungen* bei, lange bevor ich selbst Redakteur dieser Zeitschrift wurde. Als nebenberuflicher Chorleiter bekam ich „das Heft von der Kirchenmusik" regelmäßig zugeschickt. Auf der Suche nach geeigneten Chorstücken ist man ja eigentlich immer. Also wurde das neue – und zudem neuartige! – Chorbuch für meinen Kirchenchor angeschafft, und bis heute werden die roten Bücher fleißig benutzt. – Dies war der von Diözesankirchenmusikdirektor Matthias Kreuels mitsamt Redaktionsteam und Verleger Günter Graulich mitsamt seinen Mitarbeitern initiierte Auftakt zur Reihe der Freiburger Editionen im Carus-Verlag. Mit dem *Freiburger Chorbuch* – inzwischen mit einer „1" versehen, weil Jahre später die Nummer 2 folgte – kam die „Editions-Achse" Freiburg-Stuttgart erstmals in Schwung. Der Beginn gegenseitiger Inspirationen.

Variatio prima: pro Organo pleno, sempre energico

Als ich im Jahr 2002 meinen Dienst im Amt für Kirchenmusik der Erzdiözese Freiburg antrat, ereilte mich bald der Auftrag, den Verleger Günter Graulich persönlich kennenzulernen, nun im Blick auf das *Freiburger Orgelbuch* – bislang, aber vielleicht nicht mehr lange, noch ohne zusätzliche Ziffer –, das bereits in Arbeit war. Dieses Kennen lernen war ungemein bereichernd, weil der Verleger sich im besten Sinne als Anwalt des Projekts verstand: interessiert, beharrlich und kompetent bis ins letzte Detail. Viele Beispiele könnten dieses Thema „orchestrieren": Wenn alle sich einig waren, dass der Umbruch mit möglichst idealen Wendestellen nun nicht mehr zu verbessern war, präsentierte Günter Graulich eine neue Variante mit zwei Wendestellen weniger. Und wenn wir typisch katholische „Halleluja-Intonationen" im ökumenisch konzipierten Orgelbuch haben wollten, erfand Günter Graulich dafür die Idee eines Extra-Heftes, was dann in der Tat die beste Lösung war. Jeder weiß es, aber man vergisst es allzu rasch: Ob ein Produkt in Fahrt kommt, hängt nicht nur mit seiner Qualität zusammen, sondern auch mit einem starken Vertrieb, der es unter die Leute bringt. Dafür sorgte Günter Graulich, ob in heimatlichen Gefilden oder in der großen weiten Welt, etwa bei seinem Besuch bei der „American Guild of Organists".

Intermezzo: con jubilo

Die Zusammenarbeit wurde erleichtert, weil das eingangs genannte erste Chorbuch-„Pilotprojekt" im Hause Carus bald ein schönes Jubiläum feiern durfte: Nach etwa 10 Jahren war die Auflage von 100 000 Exemplaren erreicht. Ein großer Erfolg und eine Stabilisierung der Achse Freiburg-Stuttgart! Die Breite des erschlossenen Repertoires wurde gelobt, die ökumenische Weite und der enge Bezug zur Praxis. Die roten Bücher sind oft zu sehen, nicht selten auch bei Fernsehgottesdiensten. Dass der Pfarrer bei diesem Chorbuch „rotsieht" – inzwischen ja sogar dunkelrot bei den letzten Auflagen –, wie ein Mitglied des Redaktionsteams bemerkte, kommt wohl nur im rein visuellen Sinne vor.

Sequenza: pro Pueris et Cantores

Bald wurden neue Pläne auf der Achse Stuttgart-Freiburg hin und her geschickt. Die Route erwies sich als gut befahrbar. Dennoch hat jedes Vorhaben seine eigenen Klippen. Entscheidend ist, dass der Verleger dafür ein offenes Ohr hat. Werden sich Käufer für ein *Freiburger Kantorenbuch* finden, wenn vielerorts der Kantorendienst kaum ausgeprägt ist? Und soll man tatsächlich riskieren, dass ein *Freiburger Kinderchorbuch* nicht von einem professionellen Grafiker, sondern mit den prämierten Beiträgen eines Malwettbewerbs für Kinder aus Kinderchören illustriert wird? Die Ergebnisse können sich sehen und hören lassen, weil wir mit Günter Graulich immer gemeinsame Lösungen gefunden haben! Dabei zählt nicht, wer am längeren Hebel sitzt, sondern wer die besseren Argumente hat.

Auf einen Anruf des Verlegers musste man jederzeit gefasst sein. Einer erreichte mich an einem Samstagvormittag zwischen Farbeimern und Pinseln mitten in der Wohnungsrenovierung. Die meisten hätten aufgelegt, bevor ich unter den Abdeckplanen das Telefon gefunden hatte. Günter Graulich blieb hartnäckig: „Lieber Herr Walter, folgende Punkte haben wir heute zu besprechen …"

Coda: tutti

Günter Graulich weiß, wann man den Herausgebern Zeit lassen muss, damit ein Produkt reifen kann. Er weiß aber auch, wann man sie drängen muss, damit das Ziel nicht aus dem Blick kommt. Auch sind wissenschaftliche Gründlichkeit und praktische Brauchbarkeit für ihn keine Gegensätze. Ein so erfolgreicher Verleger wurde er, weil er ein leidenschaftlicher Kirchenmusiker und Chorleiter geblieben ist. Seine protestantische Herkunft prägt ihn. Aber das geht einher mit einer großen ökumenischen Weite, die wohl in zwei Eigenschaften gründet, die jede Zusammenarbeit so inspirierend machen: Günter Graulich ist und bleibt ebenso neugierig wie tatkräftig. Die Freiburger Carus-Reihe schreitet voran, 2016 mit einem Kantorenband zum „Ruf vor dem Evangelium". Es gibt keinen fixen Editionsplan, vielmehr den beständigen Kontakt zwischen Herausgebern und Verlag, um sich gegenseitig zu inspirieren. Günter Graulich ist auf dem Laufenden, schließlich ist er Abonnent unserer *Kirchenmusikalischen Mitteilungen*.

Meinrad Walter, *1959, Dr. theol. Studium der Theologie und Musikwissenschaft in Freiburg und München; berufliche Stationen im universitären Bereich sowie im Journalismus und Verlagswesen; seit 2002 tätig im Amt für Kirchenmusik der Erzdiözese Freiburg; seit 2012 zudem Honorarprofessor für Theologie/Liturgik und stellv. Leiter des Instituts für Kirchenmusik an der Musikhochschule Freiburg i. Br.; zahlreiche Publikationen zur Bachforschung und Kirchenmusik.

Klaus K. Weigele

Günter Graulich zum 90. Geburtstag
Das Ochsenhauser Orgelbuch als Grundstein unserer Zusammenarbeit

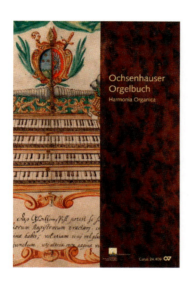

Begonnen hat alles mit einem Husarenstück. Anlass war der Abschluss der grundlegenden Restaurierung der historischen Gablerorgel in der Klosterkirche der ehemaligen Benediktiner-Reichsabtei Ochsenhausen. Joseph Gabler, ein Sohn Ochsenhausens, schuf zwischen 1729 und 1734 eine der wenigen noch erhaltenen Monumentalorgeln im süddeutschen, ehemals vorderösterreichischen Raum, welche auf Grund ihrer klanglichen Möglichkeiten singulär war. Der Neresheimer Pater Placidus Mayr schrieb im Juli 1734 in einem Brief an den Abt von Weingarten, dass er „kein besseres Werkh nirgend angetroffen (hat) als zu Ochsenhausen"[1]. In der Besonderheit der Orgel lagen aber auch Schwierigkeiten, zum einen in orgelbautechnischen Fragen und zum anderen in der spieltechnischen Umsetzung. Der Umgang mit einer viermanualigen Monumentalorgel mit Brustpositiv, Haupt-, Solo- und Echowerk stellte viele Organisten vor die Frage, wie mit einer solchen Orgel umzugehen sei. Ein Mitglied des Ochsenhauser Konvents, dessen Namen unbekannt geblieben ist, hat sich veranlasst gefühlt, eine Art „Gebrauchsanweisung" für das Spiel auf dieser Orgel und zum Verständnis der Klangdisposition zu schreiben. Entstanden ist das handgeschriebene Buch „Harmonica Organica", welches in den nachfolgenden Jahrzehnten als *Ochsenhauser Orgelbuch* bekannt wurde und auf den 1. Januar 1735 datiert ist. Das Orgelbuch gilt als eines der Schlüsselwerke „zum Verständnis der Klangwelt der süddeutschen Barockorgeln in ihrer speziellen oberschwäbischen Gestalt"[2].

Aufgrund dieser Bedeutung des *Ochsenhauser Orgelbuches* wurde die Idee geboren, das in der Bibliothek der Yale University in New Haven (USA) liegende Original als Faksimile in limitierter und nummerierter Auflage (999 Ex.) im Rahmen einer Sonderedition in Originalgröße mit einer zusätzlichen quellenkritischen Notenausgabe zu edieren. Somit sollte das musikhistorisch äußerst interessante Dokument, welches durch die farbenprächtigen Kolorierungen einen besonderen Reiz besitzt, 270 Jahren nach seiner Fertigstellung erstmals der Forschung und der Öffentlichkeit zugänglich gemacht werden. Editorisch und verlegerisch eine Wahnsinntat unter enormem Zeitdruck. Die Landesakademie hatte zwar die Idee einer Veröffentlichung und bereits erste Kontakte zur Yale University aufgenommen, leider aber keinen Verlag oder Verleger. Nachdem schon einige Vorgespräche mit möglichen Verlagen negativ verliefen, wollten wir als Akademie dieses Projekt schon zu den Akten legen, doch ein Gespräch mit Günter Graulich über dieses Thema brachte die Wende. Er war von dem Thema begeistert, ja elektrisiert und hatte die Gabe, alle

---

[1] Pater Placidus Mayr in einem Brief an den Abt der Benediktiner-Reichsabtei Weingarten vom 21. Juli 1734, zitiert nach Johannes Mayr: „‚Kein besseres Werkh nirgend […] als zu Ochsenhausen" – Joseph Gablers großes ‚Opus primum' in der ehemaligen Reichsabtei der Benediktiner zu Ochsenhausen", Organ – Journal für die Orgel, Ausgabe 2/2005, Seite 4ff.
[2] Michael Gerhard Kaufmann: Vorwort zur quellenkritischen Erstausgabe des *Ochsenhauser Orgelbuchs* „Harmonica Organica", Stuttgart 2004 (Carus 24.409), Seite 7.

Beteiligten damit anzustecken. Seine Begeisterung und sein Feuer für die Sache trug uns alle durch dieses schwierige Editionsprojekt. Im späten Frühjahr 2004 wurde mit der Planung des Projektes begonnen, die erste öffentliche Präsentation war am 14. Oktober 2004. Am Anfang des Projektes kannte man weder den Umfang der Gesamtedition noch die Form, in der das reprofähige Material des Originals beschafft werden kann, geschweige die Finanzierung dieses aufwendigen Vorhabens. Erst mit der Zeit kristallisierte sich ein Editionskonzept heraus, welches am Ende so erfolgreich war, dass es mit dem Deutschen Musikeditionspreis „Best Edition 2005" ausgezeichnet wurde und nahezu die komplette limitierte Auflage verkauft wurde.

So war der Grundstein für die weitere Zusammenarbeit gelegt. Auch bei den Folgeprojekten zeigte es sich, dass Günter Graulich nie das Risiko scheute, wenn es um innovative Publikationen ging. Mit Beginn meiner Tätigkeit als Direktor der Landesakademie lag ein zentraler Schwerpunkt der Arbeit in der Förderung der musikalischen Arbeit an Schulen. Schnell erkannte ich, dass ein zeitgemäßes Chorbuch für die Schule fehlte, welches den Entwicklungen des letzten Jahrzehnts Rechnung trägt. Somit war die Idee geboren, in Zusammenarbeit mit einem Herausgeberteam ein neues und innovatives Chorbuch zu entwickeln. Diese Idee wurde in Grundzügen Günter Graulich vorgestellt. Als ehemaliger Schulmusiker und Chorleiter kannte Günter Graulich die Probleme bei der Arbeit in Schulchören, und seine realistische Analyse bildungspolitischer Prozesse führte bei uns gemeinsam zur Einsicht, dass auf Grund der Modifikation des Schulsystems (Einführung G8, Zeitverdichtung des Schulalltags, Tendenz zur früheren Einschulung, etc.) das klassische Schulchorrepertoire, auch hinsichtlich der sich abzeichnenden Problematik der Verwendung von Männerstimmen, nur unter größeren Schwierigkeiten aufrecht zu erhalten ist. Für uns als Akademie folgte aus der Analyse die Aufgabe, für das schulische Singen neue, kreative Wege und Ideen zu entwickeln, vor allem vor dem Hintergrund, dass die Schulchorarbeit die Grundlage für das spätere Singen in Kantoreien und anderen Chören legt.

Im Laufe der Weiterentwicklung des Editionskonzeptes zeigte sich, dass hierbei sowohl die Kernkompetenzen der Landesakademie für die musizierende Jugend in Baden-Württemberg als auch des Carus-Verlages zusammenflossen und somit ein großer Mehrwert für das schulische Singen entstand. In zahlreichen Fortbildungen für Lehrkräfte hat sich die Akademie konzeptionell mit vokalpädagogischen Fragen der Schulchorarbeit auseinandergesetzt und viele Erfahrungen gesammelt.

In der Folgezeit wurde ein Schulchorbuch entwickelt, welches konsequent mit nur einer Männerstimme in Bariton-Lage auskommt und zugleich hinsichtlich des Repertoires alle Genres und Epochen abdeckt. Aus der anfänglichen Idee eines neuen Chorbuches für die Schule ist das Konzept „Chorissimo" entstanden, welches sich durch eine Vielzahl an Zusatzmaterialien wie Workshops, Playbacks, Lernvideos, ergänzende Musizierarrangements, hochwertige Audioaufnahmen und Aussprachehilfen zu einem innovativen modularen pädagogischen Konzept entwickelt hat und mit seiner Vielfalt an Medien für die vokalpädagogische Arbeit mit Schülerinnen und Schülern singulär ist. Der Erfolg der Publikation hat dazu geführt, dieses damals neue modulare Prinzip in den letzten Jahren weiterzuentwickeln und zu verfeinern. Mit der nun anstehenden

Veröffentlichung eines zweiten *Chorissimo*-Buches für die Sekundarstufe I wird dieses Konzept durch die Erweiterung mit einem currricularen und lehrgangsspezifischen Aspekt unter Einbeziehung moderner Kommunikationsmedien ergänzt und auf eine neue, in die Zukunft gerichtete, vokalpädagogisch innovative Stufe gestellt.

Landesakademie für die musizierende Jugend in Baden-Württemberg

Klaus K. Weigele, *1965 in Weingarten (Württemberg). Studium der Musik, Geschichte und des Kulturmanagement in Stuttgart, Ludwigsburg und Köln, danach Promotion. Nach Referendariat und Schuldienst seit April 2002 Direktor der Landesakademie für die musizierende Jugend in Baden-Württemberg. Juror in mehreren Wettbewerben und Mitglied verschiedener kultureller Beratungsgremien und Stiftungen. Zahlreiche Veröffentlichungen im musikpädagogischen Bereich mit unterschiedlichen Schwerpunkten.

Uwe Wolf

Ein Verleger entdeckt einen Komponisten: Gottfried August Homilius

Es begann mit einer kleinen Anfrage: Im Frühjahr 1996 ließ mein damaliger Chef Klaus Hofmann mich wissen, dass Günter Graulich jemanden suche, der Motetten von Altnickol und Homilius für den Carus-Verlag edieren könne. Da Klaus Hofmann um mein Interesse für Motetten und für die Zeit „nach Bach" wusste, war er der Meinung, dass das doch etwas für mich sein könnte. Für den Carus-Verlag hatte ich zuvor nur eine Bach-Kantate ediert, Günter Graulich kannte ich lediglich von einer flüchtigen Begegnung auf dem Leipziger Bachfest 1994.

Ich schrieb nach Stuttgart, dass ich den Altnickol gerne übernehmen wollte und schlug statt Homilius-Motetten eine Neuedition der ab 1777 von Johann Adam Hiller herausgegebenen *Vierstimmigen Motetten und Arien* vor. Beides wollte man zusammen angehen, zusätzlich sollte ich aber doch auch noch einen Sammelband mit unveröffentlichten Homilius-Motetten herausgeben – am liebsten noch vor der Hiller-Sammlung. Als Arbeitsgrundlage bekam ich eine Liste mit zehn Motetten von Homilius im Bestand der Sächsischen Landesbibliothek in Dresden. Ich sagte auch den Homilius zu; einen Verleger muss man bei Laune halten! Los ging's aber erstmal mit dem Altnickol, dessen große Choral-Motette *Befiehl du deine Wege* dann tatsächlich 1998 auch erschien. Über die Hiller-Sammlung wurde viel diskutiert: Soll man 6 Hefte veröffentlichen? Oder einen Band? Oder nicht doch lieber lauter Einzelausgaben im Schuber? Richtig los ging es aber (noch lange) nicht. Die Vermutung lag nahe, dass der Verlag mich mit der Zusage der Hiller-Motetten ebenso bei Laune halten wollte, wie ich umgekehrt den Verlag mit der Zusage des Homilius-Sammelbandes …

Nebenbei begann ich Homilius-Motetten zu sammeln – und es wurden mehr und mehr! Im Herbst 1998 ließ mich Günter Graulich wissen, dass er sich über eine erste Auswahl für den Homilius-Band freuen würde (nachdem der Verlag eine enorm hohe Rechnung für Mikrofilme der Berliner-Quellen zu den Homilius-Motetten bezahlt hatte, was man mir unvorsichtigerweise zugesagt hatte). Ich antwortete, dass es mir schwer fiele, aus der Fülle das Richtige auszuwählen. Nur wenig hielt ich für geeignet, mehr als 50 der zusammengetragenen Motetten, so schrieb ich 1998 noch an Marja von Bargen, würden heute Kirchenmusiker sicher gar nicht interessieren.

Anfang 1999 übernahm Barbara Mohn die Betreuung der anschwellenden Homilius-Ausgabe. Im Sommer 1999 umfasste meine Liste bereits über 80 Motetten (von denen sich später allerdings etliche als Bearbeitung aus Oratorien entpuppten), und in einem Telefongespräch offenbarte mir Günter Graulich, dass er eine Ausgabe ALLER Motetten von Homilius anstrebe. Ich erinnere mich deutlich, dass ich versuchte, ihm das wieder auszureden, aber er blieb dabei: „Mir wollen alle!".

Es begann eine spannende Phase mit Quellenrecherchen, Briefwechseln mit in- und ausländischen Quellenbesitzern (nicht wenige blieben unbeantwortet), Recherchen nach mir völlig unbekannten Orten, damals noch über das Register meines Autoatlas (Google war noch nicht geboren. Wie habe ich Schandau gesucht, nur nicht unter „B", wie Bad Schandau …). Es folgen die ersten Homilius-Reisen in Bibliotheken und Kirchenarchive, mit dem VW-Bus als rollendem Büro von Campingplatz zu Campingplatz durch Thüringen, Sachsen, Brandenburg, Mecklenburg-Vorpommern. Dabei wurde die Vielfalt und überraschende Qualität der Kompositionen bereits ebenso sichtbar wie die Breite der Überlieferung. Irgendwie passte das, was sich da auftat, überhaupt nicht zur landläufigen Musikgeschichtsschreibung. Schließlich lebte Homilius in der „Zeit des Verfalls", in der sich niemand mehr für Kirchenmusik interessierte und die Kirchenmusik sich überhaupt in einem erbärmlichen Zustand befand – so wurde zumindest damals noch behauptet. Das hatte auch über die Motetten hinaus meine Neugierde geweckt; die Idee eines Werkverzeichnisses begann zu reifen.

Doch zunächst entstand das Manuskript eines umfangreichen Motetten-Bandes mit einem nicht weniger umfangreichen Kritischen Bericht (allein über 100 Quellenbeschreibungen!), und aus dem Manuskript wurde eine Edition, dank der hervorragenden Betreuung durch Barbara Mohn, unter Mithilfe auch von Vater Mohn, der sich der griechischen Singtexte annahm. Es folgte im Frühjahr 2000 ein erster, unvergesslicher Besuch in der Gebelsbergstraße, um letzte Fragen zu klären.

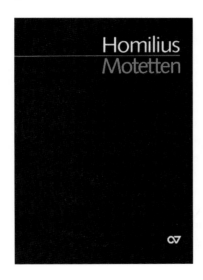

Im Sommer 2000 schließlich erschien der Motetten-Band und wurde auf der Musikmesse 2001 sogar mit dem Musikeditionspreis ausgezeichnet. Wichtiger: Günter Graulich übergab ein Exemplar des Bandes Frieder Bernius. „Noch auf der Bahnfahrt nach Hause versenkte ich mich in eine aufregende neue Sammlung mit A-cappella-Werken", beschreibt Bernius später seine Begegnung mit Homilius. „Als ich den visuellen Ersteindruck am nächsten Morgen durch den akustischen am Instrument ergänzte, war für mich offensichtlich: Ich hatte die Gelegenheit bekommen, mich mit dem bedeutendsten Motettenwerk nach Johann Sebastian Bach und vor Felix Mendelssohn zu befassen." Die 2004 erschienene famose CD mit einer Auswahl an Motetten, eingesungen vom Kammerchor Stuttgart unter Frieder Bernius, machte deutlich: Ein neuer Stern am Komponistenhimmel trat aus dem Schatten! Und die Musikpraxis verlangte alsbald nach mehr! Bereits ein Jahr nach der Motetten-CD erschienen zwei erste Kantaten-CDs bei Carus; diesmal ohne vorausgehende Notenausgaben. Ich war nur beratend dabei – und hin und her gerissen! Toll, dass „mein" Homilius so viel Aufmerksamkeit erfährt! Aber den Kantaten hätte ich gerne mehr und gründlichere Quellenrecherchen vorab gegönnt: zu undurchsichtig die Quellenlage, zu unterschiedlich die Fassungen! Für die Wiederentdeckung von Homilius aber waren die beiden Kantaten-CDs genau das richtige Signal.

Bereits 2004 war auch besprochen worden, dass der Dresdner Kreuzchor 2006 eine Passion von Homilius aufführen sollte; ich riet zur *Johannespassion* HoWV I.4, die im Zuge der Arbeiten am Werkverzeichnis gerade erst greifbar geworden war – mit einer Hauptquelle aus dem 1945 bis 1999 verschollenen Archiv der Singakademie zu Berlin, das Ende 2001 nach Berlin zurückgekehrt und noch nicht lange wieder zugänglich war.

Nun überstürzten sich die Ereignisse: Während die Editionsarbeiten an der *Johannespassion* gerade erst angelaufen waren, rief der Leiter der Basler Madrigalisten, Fritz Näf, bei Günter Graulich an und bekundete sein Interesse, eine Passion von Homilius aufzuführen und aufzunehmen. Günter Graulich verwies ihn an mich. Ich war gerade in der Staatsbibliothek zu Berlin gewesen und wartete auf den Zug zurück nach Leipzig, als Fritz Näf (mir damals völlig unbekannt) mich auf dem Handy anrief und mir von einer Homilius-Passion vorschwärmte, von der er ein Manuskript in der Züricher Zentralbibliothek eingesehen hatte: Es war das Passionsoratorium *Nun, ihr meiner Augen Lider* HoWV I.9. Aufführen würde er es gerne, und zwar ebenfalls 2006. Angesichts der komplizierten und undurchschaubaren Überlieferung dieses Oratoriums (19 Handschriften, keine davon aus dem Umfeld des Komponisten ...) und der schon laufenden Arbeiten an der *Johannespassion* war das unmöglich zu schaffen. Aber es gelang, Fritz Näf stattdessen das Oratorium *Ein Lämmlein geht und trägt die Schuld* HoWV I.2 schmackhaft zu machen. Das ist zwar noch mal wesentlich breiter überliefert (über 70 Abschriften), doch gibt es einen höchstwahrscheinlich autorisierten Druck von 1775, auf den augenscheinlich alle Handschriften irgendwie zurückgehen, was die Editionsarbeiten erheblich vereinfachte. Außerdem schien das Oratorium mit seinen großen Chören für die Basler Madrigalisten wie geschaffen. Tatsächlich wurden die *Johannespassion* für Dresden und das *Lämmlein* für Basel parallel vorangetrieben und jeweils 2006 aufgeführt und aufgenommen; die Editionen erschienen noch 2006, die CDs 2007.

Die Fülle an neuen Homilius-Projekten hatten noch 2005 zur Idee geführt, die Bemühungen in eine Auswahlausgabe münden zu lassen; der 2005 erschienene Band mit den lateinischen A-cappella-Werken trug als erster eine entsprechende Bezeichnung; allerdings noch ohne eine Reihen-Angabe. Mir war das ganz recht, weil es niemanden festlegte, aber Günter Graulich wollte eine Gliederung in Reihen und Bänden und am liebsten auch gleich einen Editionsplan. „Ich sehe schon", schrieb ich Anfang 2006 nach Stuttgart, „mit meinem Pragmatismus kann ich Ihnen nicht kommen!" – und machte mich an die Arbeit.

Die beiden Passionen erschienen 2006 bereits mit Angabe einer Reihen- und Bandnummer; weitere Bände sollten folgen, zuletzt 2014 die 3., revidierte und erweiterte Auflage des Motettenbandes. 2009 erschien erstmals auch ein Textband in der Reihe: ein Bändchen mit verschiedenen Aufsätzen zu Homilius und einem nicht-thematischen Werkverzeichnis. Dies war dringend notwendig geworden, da Homilius sich inzwischen als „Hauptmusiklieferant" für die vielen Kirchenmusik-Pasticci Carl Philipp Emanuel Bachs erwiesen hatte. Um die Ursprungswerke eindeutig benennen zu können, bedurfte es dringend Nummern und eines gedruckten Bezugspunktes. Das thematische Werkverzeichnis hingegen musste zurückgestellt werden: Der Entschluss, alle Sätze aller Fassungen mit Incipits zu erfassen (angesichts der vielen Übernahmen durch C. P. E. Bach unerlässlich) war eine komplexe Aufgabe, die auch noch viele Reisen erforderte. Doch auch dies konnte schließlich in einem gemeinsamen Kraftakt von Verlag und Autor rechtzeitig zum 300. Geburtstag von Homilius am 2.2.2014 vorgelegt werden. Dieser 300. Geburtstag wurde deutschlandweit mit zahlreichen Konzerten, CD-Veröffentlichungen und Rundfunksendungen fast aller Sendeanstalten gewürdigt. Ganz gewiss wäre es kaum zu dieser breiten Wahrnehmung gekommen, wenn es nicht mehr als 15 Jahre zuvor die mutige Verlegerentscheidung „mir wollen alle" gegeben hätte, wenn Günter Graulich sich meinem Vorschlag angeschlossen hätte, nur ein paar ausgewählte Motetten statt des repräsentativen Bandes aller Motetten erscheinen zu lassen.

Inzwischen sind über 100.000 Einzelausgaben der motettischen Werke von Homilius verkauft worden, über 30.000 Klavierauszüge und Chorpartituren der Oratorien und Kantaten sind im Einsatz, und von den Homilius-CDs, die Carus zwischen 2004 und 2014 herausbrachte, sind zusammen fast 50.000 verkauft. Homilius ist heute eine feste Größe protestantischer Kirchenmusik. Ein beachtlicher verlegerischer Erfolg!

Uwe Wolf leitet seit Oktober 2011 in der Nachfolge von Günter Graulich das Lektorat des Carus-Verlags. Zuvor war er über 20 Jahre in der Bachforschung tätig. Als Herausgeber hat er sich insbesondere mit Ausgaben der Werke von Monteverdi, Schütz, Bach und Homilius verdient gemacht.

Christoph Wolff

Günter Graulich zum Neunzigsten

Meine erste Bekanntschaft – freilich nur mit dem Namen Günter Graulich – liegt ziemlich genau fünfzig Jahre zurück. Frisch promoviert an der Universität Erlangen übernahm ich für zwei Jahre die Leitung der dortigen Studentenkantorei. In einem der ersten Programme führten wir die *Zwölf Geistlichen Gesänge* von Schütz nach Graulichs 1966 bei Hänssler erschienenen Edition auf. Seither – auch nach den Erlanger Jahren – warf ich immer wieder einen Blick auf dessen sorgfältig edierte und mit instruktiven Vorworten versehene Ausgaben, die sich oft auch für musikwissenschaftliche Unterrichtszwecke eigneten. Ich denke hier insbesondere an die Edition der *Musikalischen Exequien* von Schütz mit der anschaulichen Wiedergabe des Sarges des Grafen Reuß, die sogar einmal eine meiner Studentinnen zu einem Miniatur-Nachbau aus Pappe anregte.

In direkten Kontakt mit Günter Graulich trat ich freilich erst, als er Chef des Carus-Verlages war. So nahm er 1988 meine Ausgabe von Johann Michael Bach, *Sämtliche Orgelchoräle,* in den Verlag und später auf meine Bitten hin zwei wichtige Bände der *Harvard Publications in Music* in Kommission. Es handelte sich um eine Auswahlausgabe der beiden Orgel- und Clavier-Anthologien Johann Christoph Bachs (Andreas-Bach-Buch und Möller'sche Handschrift) sowie die erste kritische Gesamtedition des 1623 in Jena erschienenen Sammelwerkes *Angst der Hellen und Friede der Seelen* mit 16 verschiedenen Vertonungen des 116. Psalms.

Unsere nun mehr gegenseitigen Beziehungen intensivierten sich merklich nach meiner 2001 erfolgten Übernahme der Leitung des Bach-Archivs Leipzig. So werde ich vor allem nie vergessen, wie gleich zu Anfang meiner Leipziger Tätigkeit Günter Graulich aus freien Stücken den neugegründeten Förderverein „Vereinigung der Freunde des Bach-Archivs" mit einem stattlichen Startkapital ausstattete. Die Zusammenarbeit mit dem Carus-Verlag verlief auf den verschiedensten Ebenen, nicht nur mit der Fortsetzung der *Stuttgarter Bach-Ausgaben*, sondern gerade auch mit der Ermöglichung neuer Projekte wie der Reihe *Edition Bach-Archiv Leipzig* oder Wilhelm Friedemann Bach: *Gesammelte Werke* und der Beteiligung an der praktischen Verwertung von Carl Philipp Emanuel Bach: *The Complete Works*.

Beeindruckt hat mich an Günter Graulich stets die in seiner Person vereinigte seltene Kombination von vier Eigenschaften: unternehmerischer Schwung, blutvolle Musikalität, wissenschaftliches Ethos und liebenswürdiges Auftreten. Diese Kombination hat unsere Zusammenarbeit beflügelt und gegenseitiges Verständnis auch bei hin und wieder unterschiedlichen Positionen gefördert. Und selbst die Tatsache, dass er mir ein paar Jahre vor dem Ausscheiden aus meinem Leipziger Amt einen meiner Abteilungsleiter sowie meine engste Mitarbeiterin (die freilich untrennbar miteinander verbunden waren) weggenommen hat, konnte unser persönliches Verhältnis keineswegs trüben. Im Gegenteil, es hat die Gemeinsamkeiten nur unterstrichen und zugleich auf eine jüngere Generation ausgedehnt, die Johannes Graulich als Nachfolger seines Vaters vertritt.

Lieber Günter Graulich, was kann man einem Neunzigjährigen wünschen? Das Bewahren der körperlichen und geistigen Vitalität verbunden mit dem stolzen und zufriedenen Begleiten der weiteren Geschicke des Carus-Verlages. Vor zwei Jahren habe ich erstmals den hundertsten Geburtstag eines alten Freundes mitfeiern können. Die Wiederholung eines solchen Erlebnisses wäre ein Geschenk für viele!

In Bewunderung und treuer Verbundenheit
Ihr Christoph Wolff

Christoph Wolff, *1940, emeritierter Professor für Musikwissenschaft der Harvard University in Cambridge (Massachusetts) und Honorarprofessor der Universität Freiburg und der Juilliard School in New York, leitete 2001–2013 das Bach-Archiv Leipzig. Seine wissenschaftlichen Arbeiten widmen sich der Musikgeschichte des 15. bis 20. Jahrhunderts, insbesondere Bach und Mozart. 2015 wurde er in den Orden „Pour le mérite für Wissenschaften und Künste" gewählt.

Auszeichnungen und Ehrungen

1991
Ernennung zum *Kirchenmusikdirektor* (KMD) durch die Ev. Landeskirche in Württemberg

2006
Johann Michael Haydn-Verdienstmedaille in Gold „für besondere Verdienste um die Kirchenmusik in der Erzdiözese Salzburg"

2009
Verdienstkreuz 1. Klasse des Verdienstordens der Bundesrepublik Deutschland „in Anerkennung der um Volk und Staat erworbenen besonderen Verdienste"

Orlando di Lasso-Medaille „für herausragende Verdienste um die Musica sacra" des Allgemeinen Cäcilien-Verbandes für Deutschland